すごい引き寄せ

潜在意識を飼い馴らす方法

はづき
虹映

河出書房新社

はじめに

私たちは今や、手の平に最高水準の図書館を持ち歩いて、暮らしています。インターネットを使えば、世界中のどんな知識も、優れた手法やノウハウも、瞬時にほぼ無料で手に入れられる時代です。

そうした知識を得ることは悪いワケでも、間違っているワケでもありません。しかし、「目に見える世界」の領域の知識がどんなに増えたとしても、「知っているだけ」では、「目に見える世界」は1ミリたりとも変わりません。

もう知識の問題ではないのです。残念ながら、どれだけ大量の知識を得たとしても、それだけでは、何も変わりません。得た知識をどう活かすか。得た知識を、自らの人生でいかに実践するのか。私たちに今、問われているのは、まさに「そこ」です。

本書は「知識」を増やすためのものではありません。

あくまで実践、体験していただくことが目的です。あなたが自分で実践、体験、実感しなければ、それはあなたにとって、「ない」のと同じ。あなたにとって「ない」ものは、この世に存在していないのと同じです。

現実的な「目に見える世界」を変えたければ、思考や意識などの「目に見えない世界」を変えること。これは真理であり、真実です。

さらに「目に見えない世界」を変えるためには、「目に見える世界」であなたが実践、体験、実感すること。この循環のサイクルが、絶対的に必要不可欠です。

本書を通じて、「目に見えない世界」の「体験」を味わってみてください。

あなたの「体験」が、あなたを「目に見えない世界」に連れて行ってくれます。その「体験」こそ、あなたが「潜在意識」とつながる最初の一歩になるのです。

あなたの中の「目に見えない世界」が変わるとき、あなたが今まで見ていた「目に見える世界」はすでに変わっているでしょう。

『すごい引き寄せ』体験者から、
反響の声!!

自信に満ちあふれていた幼い頃の自分が取り戻せたようで、とても嬉しいです。
一番の味方が「自分」であることが、何より心強いです。

（N.Hさん　33歳　女性　会社員）

すべての答えは自分の中にあることを、学びました。

（O.Mさん　48歳　男性　会社員）

超意識のマスターになることで、必要なことはすべて叶うと感じました。
最初に願ったことが、**あっという間に実現し、その速さに驚き**ました。

（S.Tさん　43歳　女性　会社員）

小さな**シンクロが身の周りに起こる**ようになり、楽しんでいます。

（S.Tさん　46歳　女性　看護師）

現実が、目に見えるカタチで大きく変化しました。
潜在意識を活用することが、コワいことではなく、**想像以上に楽しい**ことにびっくり！

（A.Sさん　50歳　女性　セラピスト）

自分が**楽しく生きていけば、それがすべての幸せにつながる**ことがわかり、とても安心しました。生活がうまく回りはじめ、ちょっとしたラッキーがたくさん増えました。

（E.Yさん　40歳　女性　会社員）

自分の周りに起きる出来事について、今までマイナス面に目がいっていたのが、**プラス面に目が向いている**ことに気がつきました。気持ちに余裕ができました。

（I.Hさん　52歳　男性　会社員）

潜在意識に命じた内容の**ほとんどが、実現したり、現実化が進んでいます**。
これからは、見えない世界の智慧と現実とを結びつけて、取り組んでいる仕事を豊かにします。

（K.Kさん　51歳　男性　会社経営）

「こうなったら良いな～」と思ったり言ったりしていたことが、**先方から話がやってきたり**と、実現の速さに驚いています。収入も増えました。

（S.Nさん　43歳　自営業）

それまでブレーキをかけていた想いが外れ、行動に移すことができました。**売上げが倍**になりました。

（H.Mさん　40歳　女性　自営業）

私にとって**不必要なことは、今まで潜在意識が省いてくれていた**ことに気づきました。

（H.Mさん　43歳　会社員）

理想のパートナーに出会うことができ、びっくりしています。

（Y.Kさん　33歳　女性　会社員）

自分の心の中の**不安な感情が、だんだんなくなってきました**。

（N.Nさん　52歳　女性　会社員）

自分と宇宙が本当につながっていることが納得できました。

（M.Aさん　38歳　女性　会社員）

両親との関係が、以前よりクリアになり、いい方向に進んでいると感じています。

（K.Tさん　38歳　女性　会社員）

「若くなった」「かわいくなった」と言われるようになりました。

（S.Mさん　31歳　女性　会社員）

#「すごい引き寄せ」目次

第2章 意識が実現するメカニズムを学ぶ

第3章

自分の潜在意識の見つけ方

第4章

自らの潜在意識を飼い馴らす

第5章

自らの潜在意識の主となり、望む未来を引き寄せる

第1章

あなたの思考が実現しない5つの理由

あなたの思考が実現しない5つの理由

「思考は現実化する」。

これは、まぎれもない事実です。

あなたが「何か」を考えない限り、その「何か」が勝手に現実化することはありえません。しかし、すべての思考が勝手に現実化するワケでもありません。それもまた、厳然とした事実です。

人は普通1日に約6万ものコト、約1秒にひとつのペースでいろんなコトを考えているといわれています。ですが、それらの思考がすべて現実化していないことは、誰もが実感しているでしょう。

ではなぜ、現実化する思考と、現実化しない思考があるのでしょうか?

現実化する思考と現実化しない思考との違いは何で、その違いはどこから生まれるのでしょうか？

この違いがわかれば……、あなたの思考は間違いなく、現実化するでしょう。

イエ、厳密にいえば、今、この瞬間もあなたの思考はちゃんと現実化し続けているのです。本当に**大事なことは「どうやって思考を現実化させるのか……」にあるのではなく、「どの思考を現実化させたいのか……」ということ**なのです。

思考を現実化するための方法論、ノウハウ、テクニックから入ってはいけません。それでは、いつまで経っても、あなたが本当に望んでいる思考、思い、夢やビジョンが実現することはありません。思考は極めて自動的に、勝手に現実化するのです。

ですから、あなたが本当にすべきことは、ただ、ひとつ。本気で現実化させたい思考が何なのかを見極めること。ただ、それを自分の意志で決めて選択し、キチンと見つめて、明確な意図を放てばいいだけです。

この思考が現実化する仕組みを活用するために、まずはなぜ今まで、あなたの思考が実現しなかったのか、その理由とメカニズムについて、詳しくみていきましょう。

理由
その
1

本気で思考を実現したい、実現できるとは思っていない

あなたも一度くらいは、「宝くじに当たるといいな〜」「宝くじが当たって、億万長者にならないかな〜」と思ったことがあるでしょう。

ひょっとしたら、もっと切実にサマージャンボや年末ジャンボの大型宝くじの発売を毎回、楽しみに待っておられるかもしれませんね。

庶民の夢、宝くじに夢を託すのも悪くはありませんが、その夢が実現する確率は、残念ながら、極めて低いといわざるを得ません。

もし、仮にあなたが、「宝くじに当選すること」を本気で実現したいと思っているとしたら、国内外を問わず、購入できる宝くじはすべて、片っ端から購入すべきでしょう。少なくとも、口では「当たればいいな」といっているだけで、実際に宝くじを

購入するために、窓口の長い列に並んだり、よく当たると評判の宝くじ売り場を探して、買いに出かけるという、具体的なアクションをしていなかったとすれば、宝くじに当選すること自体、「夢」と呼ぶことさえできません。

それはまさに、「妄想・幻想」の類いであって、そうした「妄想・幻想」の類いが、実現する確率は、残念ながら、限りなく「0」に近いのです。

1日に一度、あるいは1カ月や半年に一度、フッと「宝くじに当たるといいな～」と思ったところで、それは「夢」と呼べるレベルのものではないことは、誰でもわかるでしょう。

先述のとおり、人は1日に約6万もの「いろいろなコト」を考えているのです。

その中のひとつとして、「宝くじ」のコトを考えたとしても、それは1／60000のコトに過ぎません。そのコトが実現する確率は、0・0016％。その1／60000のコトが、それ以外の59999のコトを押しのけて、実現順位ナンバー1になるのを期待するほうが、どうかしていると思いませんか？

あなたがアタマの中で、漠然と「こうなるといいな〜」と思っているコトが、実現する確率は残念ながら、ほぼ0％です。

それはいい方を変えれば、そのコトを本気で望んでいるワケではない。あなたが、本気で実現できると思っていないという証拠でもあります。

もし、あなたに少しでも本気で実現したいという気持ちがあるのなら、きっと何らかのアクション、具体的な行動に結びついているハズですから。

望むことを引き寄せるための第1条件

たとえば、本気で宝くじに当選したいと考えているなら、まず身近な人に「私は本気で宝くじに当選したいと思っている」と伝えるのではありませんか？

自分のアタマの中だけで考えている「妄想・幻想」の類いを、言葉にして第三者に話した時点で、その「妄想・幻想」は、実現度がワンランクアップして「夢」と呼ぶべきものになります。

ただし、この「夢」の時点では、実現確率はまだ、10％程度に過ぎません。

「夢」とは、その人の考えを言葉にして、第三者に対して表現したものです。

自分のアタマの中だけで考えていたことを、ただ言葉にして、誰かに聞いてもらうだけで、実現確率「ほぼ0％」だった「妄想・幻想」の類いが、「夢」へと昇格し、実現確率も「10％」程度へと、飛躍的に高まります。

ですが、それでも「夢」の実現率は所詮《しょせん》、10％程度。これを実現率90％近くまで高めるためのコツもあるのですが、それはまたおいおいと……（笑）。

ただ、いずれにしても、ほとんどの人の思考は、この「妄想・幻想」と「夢」との間くらいを行ったり来たりして、留まっています。

これでは、あなたの思考が現実化しないのも、無理はないでしょう。

もし、あなたが自分の思考を実現したい……、望むものを引き寄せたい……と思っているのなら、まずは本気になることです。

実現できる、できないは関係なく、まずはそのコトについて、本気で考えること。

そのコトを「実現する！　引き寄せる！」と本気でコミットメントする（覚悟する、

決める）ことが、何より大切な姿勢です。

いい換えれば、あなたが本気で考えられないようなコトは、実現できないということです。そのコトと本気で向き合い、本気の情熱やエネルギーを注げないようなものは、実現することはできませんし、引き寄せることもできません。

そのコトに本気になれないのは、あなたの顕在意識が、自らの潜在意識に、「これは本気じゃないから、それほどエネルギーを注ぐ必要ナシ！」と命令しているのと同じです。本気になれないというコトは、ある意味、「それは実現しなくてもいいよ」と潜在意識に命令しているのと同じですから、あなたの潜在意識が、その命令に背いて、そのコトを実現してくれることは、まずありません。

これまで自分の思考が、ちっとも実現しない、なぜ、実現しないのだろう……と思っていた方は、その思考、現実化したいと思っていたコト、引き寄せたいと思っていたヒト、モノ、コトに対して、それは本気だったのだろうか……と、自ら自問して、もう一度、確かめてみてください。

もし、そこであなたが「やっぱり本気だった！」と確認できたとすれば、本書を読んで、ここに書いてあるとおりのことをすれば、その思考は必ず実現できるでしょう。その場合は適切なやり方、正しいスキル、ノウハウを活用すればいいだけなので、カンタンです。

しかし、「本気ではなかった……」ということがわかってしまった場合は、あなたが本気で実現したいコトを探して見つけることから始めなければなりません。

いいですか？　もう一度、いいますね。

現時点では、実現できる、できないは全く関係なく、本気で実現したいと思っているかどうか。大切なのは、その一点です。

今まで、あなたの思考が実現しなかった理由は、まさにここ……。

実は「そのコトを本気で望んでいたワケではなかった」という、シンプルな、たったひとつの理由に集約されてしまうかもしれません。

理由 その2

他人の考えを自分の考えと思い込んでいる

あなたが考えていることは、自分の考えだって、堂々と胸を張っていえますか？

はっきりいって、私にはそんな自信はありません。

普通、人は自分の考えていることはすべて、「私の考え」だと思っています。

しかし、本当の本当にそうでしょうか？　あなたの考えは、本当にあなたが自分で考えたものだといい切れるでしょうか？


たとえば、「お金を得るためには、働かなければならない」という考え方。

たぶん、多くの人がこの考え方は正しいと思っていますし、その考え方を採用して暮らしていることでしょう。しかし、この「お金を得るためには、働かなければならない」という考え方は、あなたがオリジナルで生み出したものでしょうか？

その考え方を、あなたはあなたの意志で積極的に採用していますか？

あなたは、「働かなくても、お金が入って来るのなら、働かないで暮らしたい」と思ったことはありませんか？　実は、そっちの方があなたの本音。あなたの本当の考えに近いのではありませんか？

「お金を得るためには、働かなければならない」という考え方は、あくまでこの社会で通用するひとつのルールに過ぎません。世の中をみてみれば、実際には働かなくてもお金を得ている人も、ちゃんと存在します。赤ちゃんや幼い子ども、年金暮らしのお年寄りも働いていません。また不動産オーナーや大きな遺産を相続した人、印税などの不労所得や権利収入で生活している人もいれば、株式投資などで財を成した人も、時間に縛られて、日々あくせく働いてはいないでしょう。

そもそも、あなただって、子どものころは、「お金を得るために働く」という考えなど、もっていなかったのではありませんか？　それが成長する過程で、親や兄弟、学校の先生や友達からの影響で、なんとなくそんなもの……として、「お金を得るためには働かないといけない」という考え方を自分の考えとして、あるいは社会の常識として採用してしまっただけではありませんか?

もちろん、「お金を得るために働く」という考え方が悪いワケでも、間違っているワケでもありません。問題はそこにあるのではなく、その考えが、本当にあなたの考えなのかどうかということなのです。

自分の本心はどこにあるのか

「思考が実現する」ということは、あなたの考えていることが、現実のものになるということです。

そこに「良い・悪い」「正しい・間違い」はありません。あなたの考えが、仮にあなたが本当に考えていることでなくても、あなたがその考え方を採用すれば、それはあなたの考えになるのです。**あなたが採用してしまえば、他人の考えであっても、そ**

れはあなたの考えと見なされて、あなたの身に現実として起こることになるのです。

あなたが今まで、自分の思考が思い通りに実現しないと感じているとしたら、それはあなた自身の本当の思いと、あなたが知らず知らずの内に採用してしまった他人の考えとが、ごちゃ混ぜになってしまっていることが原因のひとつかもしれません。

たとえば、あなたは本心では「もっと好きなことをして、自由に豊かに暮らしたい」と思っていたとしても、「お金を得るためには、がんばって働かなければならない」という他人の考え方を採用していると、ふたつの相反する考え方が、あなたのアタマの中で綱引きしているような状態になります。

「もっと好きなことをして、自由に豊かに暮らしたい」と思いつつ、「いやいや、そんな都合のいい話は無理だ。お金を得るためには、イヤなことに耐えて、がんばって働くしかない」と思っていたら、あなたの意識はどちらの考えを採用すればいいのか、わからなくなるのも当然でしょう。

それはあなたの右手と左手を、別々の人がもって、それぞれが力任せに引っ張り合いをしているようなもの。それでは、思い通りの思考を実現することはできません。

もちろん、あなたが望んでいるのは、あなたの本心の思考が実現することでしょう。しかし、その本心が、本当にあなたが望んでいることなのか、それとも、あなた以外の誰かに知らず知らずの内に、押しつけられてしまった「借り物の考え」なのかを見極めることが重要です。

それをキチンと見極めておかないと、「他人からの借り物の思考」を自分の思考と勘違いしたまま、その「借り物の思考」が実現してしまうと、思考はちゃんと実現したにもかかわらず、「こんなハズじゃ、なかった……」という事態に陥《おちい》ることも。

親の敷いたレールに乗って、優等生として学生時代を過ごし、いい会社に入ってみたものの、そこには自分が本当にやりたい仕事はなく、心を病んでしまっているような場合は、要注意。あなたの実現した思考は、本当のあなたの思考ではなく、親や周りから押しつけられた「借り物の思考」だった可能性が大だといえるでしょう。

そんな状態ではむしろ、思考が実現しない方が、自分にとってはよかった……ということにもなりかねません。

インターネットの普及に伴って、私たちは日々、信じられないぐらい膨大な量の情報に触れています。それはまるで、情報という名の大河に、私たちの思考が飲み込まれ、押し流されてしまっているようなもの。情報の大河に翻弄され、流されている内は、自分の思考と他人の思考との区別がつけられないかもしれません。

そんな状態で、焦《あせ》って思考を実現させようとしても、うまくいきませんし、エネルギー的にもロスが多く、長い目で見て損をするだけ。

ですから、そんな時こそ、まずは自分の考えと他人の考えを分けてみることが大切です。**今、自分が考えていること、自分の思考、考え、思いは本当に、自分のものなのかと、自問自答してみる**ことをおススメします。

そう考えると、今まであなたが自分の思考だと思い込んでいたものが実現しなかったのも、偶然ではなく、極めて必然。実は「よかったこと」だったといえるかもしれないのですから……。

理由
その
3

自分について何も知らないし、考えたこともない

ほとんどの人は日々、生きるのに忙しくて、自分について、ゆっくり考えるヒマがありません。しかし、圧倒的に「自分＝自分の思考」なのです。

パスカルは、「人間は考える葦《あし》である」といいました。また、デカルトは「我、思う。ゆえに我あり」という言葉を残しました。彼らはいずれも、私たち人間は、私の考え、思考、思いによって、できあがっていると説いたのです。

つまり、「あなた自身＝あなたの考え」なのです。自分について何も知らない、考えたこともないということは、あなたの考えがないということ。あなたが意識的に何も考えていないのに、あなたの思考が都合よく、実現するハズなどないのです。

くり返しになりますが、人は1日に約6万ものコトを考えています。その中には、素晴らしいアイディアやひらめき、ポジティブな夢やビジョンもあるでしょうが、ロクでもない妄想や幻想、ネガティブな思いもたくさんあるでしょう。

一説によれば、私たちが日々、考えている思考の8割以上は、ネガティブなもので占められているといわれます。

「しんどい」「めんどくさい」「イヤだ」「ウソ」「ウザい」「疲れた」「つまらない」「イライラする」「腹が立つ」など、実際に口をついて出る言葉の多くが、不平不満、愚痴《ぐち》、悪口、文句、泣き言などのネガティブな言葉で占められています。

事実、他人同士の何気ない会話に聴き耳を立てていると、そのほとんどは誰かの悪口や愚痴や文句で占められていることに、改めて驚かされることでしょう。

そんなネガティブな思考で占められているアタマの中は、さらに目の前にある「ねばならないこと」で、日々追い立てられています。

「あれもしなくちゃ、これもしなくちゃ……」「早くしなくちゃ……」「ちゃんとしなくちゃ……」「間に合わさなくちゃ……」などなど。

決められたルールや約束、仕事の締め切りを守る姿勢は大切ですが、あれもこれもと、日々たくさんのタスクを抱えて、時間に追われるように暮らしていては、自分が本当に何をしたいのか……。そもそも、自分とは一体何者で、何のために生きているのかなど、根源的なことを考える余裕さえないのが実情でしょう。

そんな状態で、夢やビジョンといった、ポジティブな思考だけが都合よく、勝手に実現すると考えるほうが、どうかしています。

ポジティブ思考の落とし穴

ネガティブな思考にまみれたまま、ポジティブな未来を実現させるのは無理があります。「あなた自身=あなたの考え」ですから、「ネガティブな思考=ネガティブなあなた」ということです。すると当然、ネガティブな思考が現実化しやすくなります。

ネガティブな現象が、ネガティブなあなたの元に引き寄せられ、それによって、さらにネガティブなあなたという思考が強化され、さらにまたネガティブな現象の現実化が加速するという悪循環（ネガティブ・スパイラル）に陥るだけ。

この悪循環に早く気づいて、この悪循環のループから抜け出さない限り、あなたの元にポジティブな現象が引き寄せられることはありません。

人間の思考は残念ながら、ネガティブに偏《かたよ》っています。**放っておけば、自然にネガティブ思考になるのが人間です。それは人の脳の基本構造によるもの**です。

人間の思考を司る脳は、自らの肉体を守るのが、最優先の仕事です。自らの肉体を安全に守るためには、常に注意しなければなりません。イケイケ、ドンドンの積極思考では、身体を危険に晒《さら》すことになってしまいます。

たとえば、コップに入っている液体が熱いものか、冷たいものか、わからない状態では、用心して触れるしかありません。ポジティブ思考で、「何、大丈夫さ」と安易に触ると、やけどを負ってしまうかもしれません。

さらにそのコップに入っている液体が、飲んでも大丈夫なものかどうかも、用心しなければなりません。それを中身も確認せず、ポジティブ思考のイケイケ、ドンドンで一気飲みしてしまうと大変です。万一、身体に害があるものだと、それで命を落とすことにもなりかねません。アタマとしては、それだけはなんとしても避けたいので、自然と用心深く、疑い深く、注意深くならざるを得ないのです。

ですから、私たちが意識して、自分の思考をポジティブ側にもっていかない限り、ポジティブな思考が勝手に実現することはありません。

放っておけば、私たちの思考は、ネガティブに偏ったまま。思考全体がネガティブに偏った状態で多少、ポジティブなことを考えてみたところで、アタマの大勢を占めているネガティブ思考に勝てるハズなどないのです。

ネガティブ思考でガッチリ守りを固めている自分のアタマに対して、いきなりポジティブ思考で戦いを挑もうとするから、うまくいかなくなるのです。

それがポジティブな思考が、なかなか現実化しない理由のひとつ。

「成功したい」というポジティブ思考も、「今の仕事から逃げ出したい」「休みたい」「楽をしたい」という、別のネガティブ思考が仕掛けた罠かもしれないので、ご用心。

自分の中では、**ポジティブ思考だと思い込んでいることでさえ、よくよく見てみる**

と、ネガティブ思考を打ち消すために持ち出してきた、新たなネガティブ思考の上書きに過ぎなかったということも珍しくありません。

いずれにしても、本気で思考を現実化しようと思うのなら、まずは今いる場所で、いったん立ち止まってみることです。

「私って、誰？」「私って、何者？」「私の思考は、本当に私のもの？」「私が本当にしたいことって、なんだろう」「私が本当に望むことって……？」などなど。

すぐに答えの出ない、根源的な問いを自分自身の内側に投げかけてみてください。

それだけで、肉体を守ろうとするアタマは混乱して、ネガティブ思考の防御態勢が緩むことになりますから。

「成功するためには、何から始めればいいの？」とか、「絶対、幸せなお金持ちになってやる！」というような、一見、ポジティブな思考こそ、あなたの思考がなかなか現実化しなかった、大きな理由のひとつだったのかもしれません。

理由

その

4

自分の肉体が自分だと思い込み、自分でコントロールできていると思っている

あなたは、がんばることは好きですか?

大抵のことは努力すれば、なんとかなると思っています?

もし、あなたがそんなタイプだとすれば、とても真面目ないい人で、きっと「それなり」に、あなたの思考も現実化していることでしょう。

しかし、同時に「それなり」の壁が破れなくて、ジレンマを感じてはいませんか?

一生懸命、努力しているわりに、成果が乏しいとか、大して努力しているように見えない人のほうが、うまくいっているように見えたり、結構、ちゃらんぽらんにやって、うまくいっている人を見たりすると、嫉妬《しっと》や怒りの感情が湧いてきたりはしてい

ませんか？　実はそこに、あなたの思考が今ひとつ、現実化しない理由があるのです。


目標を掲げて、真面目に努力する生き方は素晴らしいと思います。

実際、この世界では努力、根性、がんばりで大抵のことは、なんとかなるでしょう。何事であっても、一生懸命取り組めば、それなりの成果は得られるハズです。しかし、それは目に見える、この世の世界に限ったことであり、目に見えない、意識や思考の世界では、また別のルールが適用されるのです。


目に見える世界で、現実的な行動を起こせば、それに見合う結果は必ず得られるでしょう。一歩、足を前に出せば、ちゃんと進みます。真面目に勉強すれば、成績は上がりますし、1時間作業をすれば、その分、確実に作業は進みます。

それも確かに思考が現実化している、一例ではありますが、では真面目にコツコツ、働いている人が、みんな豊かで幸せになっているかといえば、そうではありません。

現実的には、一生懸命やっているのに、あまり報われない人がいる一方で、大した努力をしているようには見えないのに、スイスイと夢やビジョンを叶えているような人も存在します。その違いは一体、どこにあるのでしょうか?

実はその違いを知ることこそ、本気で望む思考を思い通りに現実化するためのコツ、最高のノウハウだといえるでしょう。

「思考」と「行動」は別次元のもの

自らの思考、考え、思い、意識といったものは、目に見えません。目に見えない領域にある、そうしたものと、目に見える動作、行動、努力やがんばりというものを同じ土俵で考えてはいけません。それがあなたの思考がなかなか現実化しない、理由のひとつになっている可能性は大です。

「何を考えるか」ということと、「何をするのか」ということは、それぞれ別の世界にあるものなので、同じルールで支配されているワケではありません。そのことを理解しておかないと、せっかくの現実的な努力でさえ、思考が現実化することを阻む障害になることさえあるのです。

現実的な努力を惜しまない、がんばりやの人は、大抵のことは努力次第でなんとかなると思っています。うまくいかないのは、自分の努力が足りないからで、望む成果を得るためには、もっとがんばらないと、もっと努力しないと……と思いがちです。

しかし、現実はそうとは限りません。人が生きていく過程では、自分の努力やがんばりだけでは、どうしようもないこともたくさんあります。

たとえば、人の寿命。どんなに健康に気をつけていても、死ぬときは死にます。この世に死なない人は、ひとりもいないのですから、これは努力やがんばりではどうしようもありません。

また、生まれもった国籍や性別。両親や兄弟姉妹、姿形、生まれもった才能なども、努力でどうにかなるものではありません。野球がうまくなるために、どんなに厳しい練習や努力を重ねても、誰もがイチロー選手と同じような活躍ができるワケではありません。こんなことをいうと、なんだか現実的な努力やがんばりを否定しているように聞こえるかもしれませんが、決してそうではありません。
現実的な努力やがんばりと、目に見えない世界での思考とは何も相容れないものではありません。イエ、むしろ、それらふたつは切っても切れない関係にあるのですが、現実的な努力やがんばりを重視する人は、どうしても思考や意識といった、目に見えない領域のことを軽んじる傾向にあることは否めません。

「考えただけで、現実が変わるなんて、あり得ない」「意識を変えるだけで、現実を変えようとするのは、怠け者の言い訳に過ぎない」といった態度になりがちです。
もちろん、思考や意識の領域だけに頼って、現実的な努力やがんばりといった、行動が伴わない人の思考が現実化することはありませんが、それと同じくらい、現実的な努力やがんばりだけでなんとかなると思っている人の思考も、さらに努力したり、がんばらざるを得ないような、厳しい現実を招くことになるだけで、本当に望むような夢やビジョンを引き寄せることは難しいと言わざるを得ません。

残念ながら、**自分が肉体だけの存在であり、自分の人生が努力や根性といった、自**

らのがんばりだけでなんとかなる……、支配・コントロールできると思っている限り、それ以上の思考が現実化することはありません。

もちろん、それで本人が満足しているのなら、いいのです。

しかし、私たちの思考、考え、思い、意識のパワーは、そんなちっぽけなものではありません。現実的な努力やがんばりをはるかに超えた、想像以上のパワーを秘めているのです。せっかく、現実的な努力やがんばりができる才能があるのですから、そんな人こそ、この目に見えない領域の思考のパワーを有効に使えば、アッという間に、今とは全く違う次元の世界に到達することも、決して夢物語ではないのです。

あなたは肉体だけの存在ではありません。肉体の中には、目には見えませんが、思考や意識があり、さらにその奥底には魂（スピリット）と呼ばれる存在があるのです。

真面目な努力家であるあなたが、こうした目に見えない世界のパワーに目覚めるとき、想像をはるかに超える奇蹟が、あなたの身の上に降り注ぐことになるのです。

理由 その5

考えていること(思考)といっていること(言葉)とやっていること(行動)がバラバラ

いっていることと、やっていることが違っていると、何事もうまくいきません。

「有言実行」「言行一致」など、いっていることとやっていることが一致している、同じ方向を向いていると、思考が現実化しやすくなるのは、誰でもわかると思います。

いい換えれば、ほとんどの人は「考えていること」と、「いっていること」「やっていること」の3つがバラバラで、同じ方向を向いていないから、「考えていること＝思考」が、いつまで経っても実現しないのです。

この世では、「思考」×「言葉」×「行動」＝「現実」という方程式が成り立ちます。

「言葉」がプラスでも、「行動」がマイナスなら、現実はマイナスになります。口では「オレは成功する！　ビッグになってやる！」といっていても、実際に自分の部屋から一歩も出ずに、具体的なアクションを何も起こさなければ、時間とお金とエネルギーを浪費するというマイナスの現実が引き寄せられることになるでしょう。

逆に「言葉」がマイナスで、「行動」がプラスの場合でも、現実はやっぱりマイナスに偏ります。いくら仕事を一生懸命やっていても、その人の口から出る言葉が、常に「疲れた」「しんどい」「もうイヤだ」などの愚痴や文句、泣き言だったり、「私は評価されていない」「あの人はズルい」「世の中は不公平だ」などの悪口や不平不満で占められていたら、やっぱりうまくいきません。

そうしたネガティブな言葉を聞かされて、気分がよくなる人はいませんから、せっかく真面目に働いていても、やがて周りから人が去って行き、「もう、やってられない！」など、もっとネガティブな言葉を吐きたくなる現実を引き寄せることになるのは確実で、避けられないでしょう。

ただし、言葉も行動も、周りから確認することができますから、その方向性のズレやプラス・マイナスの判断もある程度、可能でしょう。しかし、思考は周りから見ることはできませんし、自分でも気づいていない場合が多いので、思考の方向性を整えたり、プラス・マイナスをコントロールするのは、非常に難しいのが実情です。

ここに思考がなかなか、現実化しない理由があるといえます。

思考の揺れが引き寄せるもの

たとえば、本心では「パティシエになりたい。そのために専門学校に進みたい」と思っていた学生が、大学進学を勧める親や教師に従って、自分の本心は隠したまま、「○○大学に合格したい」といいながら、不本意ながらも勉強して、見事に○○大学に合格した場合、これは思考が現実化したといってもいいのか、それとも思考は現実化しなかったことになるのか。どちらでしょうか?

本人の気持ちが、「パティシエになりたい」だとすれば、大学への進学は本意ではなくなります。その場合、思考は、「パティシエになりたい。そのために専門学校に進みたい。大学にはいきたくない」ですから、思考は実現しなかったとなります。

しかし、「言葉」では本心とは違う「○○大学に合格したい」といって、「真面目に受験勉強する」という「行動」をしているのですから、「言葉」と「行動」は一致しており、そこだけ見れば、ちゃんと望む現実を引き寄せているといえるでしょう。

これは本人の思考、「パティシエになりたい」という気持ちの強さの問題です。本当に「パティシエになりたい」という気持ちが強ければ、ウソでも「○○大学に合格したい」といったりはしませんし、○○大学に合格するために、イヤイヤながらでも勉強するという行動にはつながらなかったハズ。

つまり、このケースでは、本人の心のどこかに「親や先生のいうとおり、○○大学に進学しておいたほうがいいかも……」という思考が、必ずあったハズなのです。

そういう意味では、このケースでも、ちゃんと思考は現実化しているといえるのですが、本人の中には、「パティシエになりたい」という思考も残っているので、「人生はやっぱり思い通りにいかない……」と思ったとしても無理はないといえるでしょう。

くり返しになりますが、私たちが1日に思考する、約6万ものコトの中には、こうした正反対の考えもたくさん含まれています。

このケースだと、「パティシエになりたい」「そんなことはムリだ」「やっぱり大学にいっておいたほうがいいかも……」「大学なんていっても、つまらない」などなど。

普通はこうした正反対の思考の中で揺れていると、具体的な行動を起こすことができません。結局、「決められない」という思考を採用しているのですから、言葉にも力が入りませんし、具体的な行動も起こせず、「決められないまま」という現実が引き寄せられることになるのも当然。「思考」「言葉」「行動」がバラバラであれば、バラバラの現実が引き寄せられることになるだけです。

誰でも日常的に、こうした相反する思考の間で揺れることは、珍しくないハズです。

結局、そうした正反対の思考の中で、最後まで勝ち残ったものが、現実化することになるのです。つまり、現実化したことこそ、あなたの思考の証明。**現実化した現象こそ、あなたが最後に選んだ思考そのもの**だといえるのです。

あなたは今まで、なぜ自分の思考がなかなか現実化しないのだろう……と思っていたかもしれませんが、この思考が現実化する仕組みを理解すれば、実は今までもずっと、あなたの思考は現実化し続けていたことに気づくハズ。

そう……、「あなたの思考は実現していなかった」ワケではなく、「あなたの思考はちゃんと実現していた」のですが、それに気づいていなかっただけなのです。

つまり、あなたにもちゃんと思考を現実化する能力は備わっており、今までもその能力をちゃんと使っていたのです。ただし、今までは自分の思考を意識化する、やり方がわからなかっただけ。**本当に自分が望んでいる思考とは一体何かが見つけられれば、その思考を現実化するのは、そんなに難しいことではありません。**

だって、生まれてから今まで、あなたはちゃんと自分の思考を現実化し続けて、今そこに居るのですから……。

さぁ、次章からはいよいよ、あなたが本当に望んでいる思考を現実化するための、具体的なステップを一緒に学んで、身につけていきましょう。

エクササイズ

「それから？」の問いかけワーク

自我（エゴ）は、常に自分の外に注目しています。それは自らの肉体を守るために、注意を払うためでもありますが、「内なる自分」という存在から注目を逸らすためでもあります。自我は、「内なる自分」に注目されると困るのです。それは「内なる自分」に注目されると、自我の正体がバレてしまう恐れがあるからです。自我は、「内なる自分」が目を覚ましてしまうと、自我という存在が消えてなくなるのではないかと恐れているのです。

しかし、「内なる自分」が目を覚まし、自我の正体がバレても、自我がなくなることはありません。むしろ、自我とは違う、「内なる自分」「本当の自分」の存在に気づくことができれば、自我とも、より健全な関係が築けるハズです。

ここでは、自分の思考に気づくためのワークに挑戦してみましょう。

自我の裏側にある思考、より深い部分に隠されている、「内なる自分」が本当に望んでいることは何かを見つけるためのワークです。

ワークの手順

1 白い紙を用意します。まず今、自分が望んでいることをたくさん書き出してみましょう。「お金持ちになりたい」とか、「仕事で成功したい」とか、「結婚したい」とか、「恋人が欲しい」とか、「ダイエットしたい」とか、なんでも構いません。思いつく限り、書き出してみましょう。

2 次に、その望んでいることに対して、もしそれが実現したら、それからさらにどうしたいのかを、自分に問いかけてみましょう。

たとえば、「お金持ちになりたい」→「それから？」→「一生遊んで暮らせるお金を手に入れる」↓「それから?」↓「大きな家を建てる」↓「それから?」↓「世界中を豪遊する」↓「それから?」↓「高級品の服やバッグを爆買いする」↓「それから?」↓「海外に別荘をもつ」↓「それから?」↓「イケメンの執事を雇う」↓「それから?」↓「……」

3「それから?」と問いかけ続けて、答えに詰まってからが、このワークの本番です。そこであきらめないで、さらに「それから?」と自分の内側に問い続けてみてください。すぐに答えが出てこなくてもかまいません。「それから、どうしたいの?」「本当は何がしたいの?」と自分の内側に深く、何度も問いかけてみましょう。アタマで考えていた「答え」がなくなった、その先に「内なる自分」「本当の自分」との対話が始まります。

あきらめず「それから……」と問いかけ続けた、その先に思考の奥にある、本当に実現したい望み、その体験を通して味わいたい感情、本質的な願望、真の夢やビジョンなどが浮かび上がってくるのです。

第2章

意識が実現するメカニズムを学ぶ

あなたの思考はすでに実現している⁉

あなたはこれまで、「自分の思考は全然、実現していない」と思っていたかもしれませんが、前章でみてきたとおり、それは明らかに間違いなのです。

これまでの人生でも、「思考は現実していなかった」のではなく、ちゃんと実現していた。そう……、「あなたの思考はすでに実現していた」のです。

ほとんどの人は「どうすれば、思考が実現するのか」というやり方、手法、ノウハウばかりを求めますが、それがそもそもの間違いなのです。

残念ながら、「どうすれば……」というノウハウを求めている限り、ずっと新しいノウハウを探し続けることになるだけです。**「どうすれば……」というノウハウを求めているということは、「自分の思考を実現する方法がわからない」、つまり「自分の**

思考は実現していない」と自らに言い聞かせているのと同じこと。それでは当然、「自らの思考は実現しない」という現実を味わうことになるのは避けられません。

ここは特に大事なポイントなので、くり返します。

あなたの思考はこれまでも、ちゃんと現実化してきました。そして今も、現実化しつつありますし、これからの未来においても、ずっと現実化し続けます。

もう、これは揺らぎようのない事実なのです。

まずは、このことをキチンと受け入れましょう。このことが受け入れられない限り、ここから先、どんなに良いことを学んでも、「やっぱり……」「でも……」と否定することになるだけです。そうやって、その考えを否定すれば、否定したとおりの現実、つまり「やっぱり、うまくいかなかった」という現実を味わうことになるだけです。

今は半信半疑でもよいので、とりあえず、この考えを否定しないこと。

まずは、そこから始めてみませんか？

この章では私たちの思考が、どのような形で現実化するのかという仕組み、メカニズムを解説していきたいと思います。

もちろん、このメカニズムを知らなくても、思い通りの思考を現実化することは可能です。一刻も早く、具体的なやり方、手法、ノウハウを試したい方は、この章を飛ばしてもらってもかまいせん。しかし、先述のとおり、気持ちが焦って、やり方、手法、ノウハウだけを先に求めてしまうと、アタマは必ず抵抗します。

結果を焦ってしまうのは、自らの「潜在意識」に「やっぱり自分には無理ではないか」「早くしないと、このノウハウが取られてしまう」という不安や自信のなさを植えつけているのと同じことなので、要注意です。

いわれたとおり、教えられたとおりのやり方を素直に実行すれば、ちゃんと成果は上がりますが、大半の人はそこで、「そんなうまい話はない」「だまされているんじゃないか」「こんなに簡単に思考が現実化するなんて、あり得ない」などと、無意識にアタマ（顕在意識）が抵抗を始めます。

そうすると、せっかくのノウハウも効果が出にくくなってしまいます。それらの効果が全くなくなるワケではありませんが、あなたの中で「効果がある」と「効果がない」というふたつの思考の間で綱引きが始まると途端に、それらのノウハウの効果が半減してしまうことは避けられません。

この章でお伝えすることは、あなたのアタマ（顕在意識）がそうした具体的なやり方、手法、ノウハウに抵抗するのを防ぐためのものです。

「思考が現実化する」という考え、「すでに思考は現実化していた」という事実を、自らのアタマ（顕在意識）に理論的に納得させ、「その気」にさせるために、とても重要な項目なので、ぜひ、もう少しおつき合いください。

意識は大きくふたつの領域に分けられる

私たちの意識は大きくふたつの領域に分けられます。

私たちの意識は、よく「海に浮かぶ氷山」にたとえられます。これは世界的に有名な心理学者、カール・グスタフ・ユング博士が唱えたモデルです。

氷山の海面上に見えている部分が、私たちが自分で意識できている領域で、それは「顕在意識」と呼ばれます。

これに対して、氷山の海中に沈んでいて、海上からは見えない部分を、いわゆる無意識の領域として、「潜在意識」というふうに区別しました。

ユング博士は、海面上に見ている「顕在意識」は氷山の一角、つまり、意識全体の10％程度に過ぎず、残りの90％に当たる「潜在意識」は、海面下に隠れている氷山のようなものであると説明しました。その「潜在意識」は、大きく「個人の潜在意識（記憶）」と、「人類共通の潜在意識（集合意識）」とに分けられると説きました。

私は個人的に、「顕在意識」と「潜在意識」の関係性は「氷山」というより、地球上に存在する「陸地」と「それを支える海面下のプレート」と「地球内部のマントル」のようなものだと考えています。

地球全体がひとつの意識体だと仮定して、海面上の陸地の部分が、「顕在意識」の領域で、それ以外はすべて、「潜在意識」の領域だと考えればいいでしょう。

陸地の中でも、いろんな土地があります。暑い場所、寒い場所。自然が豊かな場所、大都会。高い山や砂漠など、それぞれに個性的な環境がありますが、その環境の個性の違いが、私たちひとりひとりの「顕在意識」に当たると考えればよいでしょう。

しかし、その「顕在意識」として見えているのは、あくまで海面よりも上に顔を出した部分のみ。ひとりひとりの「顕在意識」の領域など、地球全体から見れば、本当にちっぽけなものです。さらに、どんな陸地であっても、目に見える陸地面積よりも、はるかに広大なそれを支える土台のような部分が必ずあります。

それが「潜在意識」と呼ばれる領域だと、私は考えています。
地球全体を俯瞰《ふかん》してみればわかると思いますが、私たちが暮らしている陸地の部分は、地球の皮膚、せいぜい薄っぺらい皮のようなものに過ぎません。海面下においては、陸地をはるかに凌《しの》ぐ大きさで、「潜在意識」の中の「集合意識」、つまり「人類共通の潜在意識」が、大陸プレートのように地球全体を覆っているのです。

さらにその奥。大陸プレートの内部には、地球の核と呼ばれるようなマントルが存在します。それが「人類共通の潜在意識」のさらに奥にある、「超意識」と呼ばれるものです。「超意識」は人類だけでなく、地球上のあらゆる生命体、すべての物質、宇宙全体につながる意識レベルの大本であり、ある意味、人類というレベルを超えたところにある意識なので、「超意識」と呼ばれるのでしょう。

つまり、私たちの意識は、地球の内側から見て、「マントル（宇宙とつながる超意識）」→「大陸プレート（人類共通の潜在意識・集合意識）」→「陸地を支える海面下の土地（個人の潜在意識・記憶）」→「目に見える陸地部分（顕在意識）」の順で構成されているといえます。これが、私たちの「意識」の全体像であり、基本構造です。

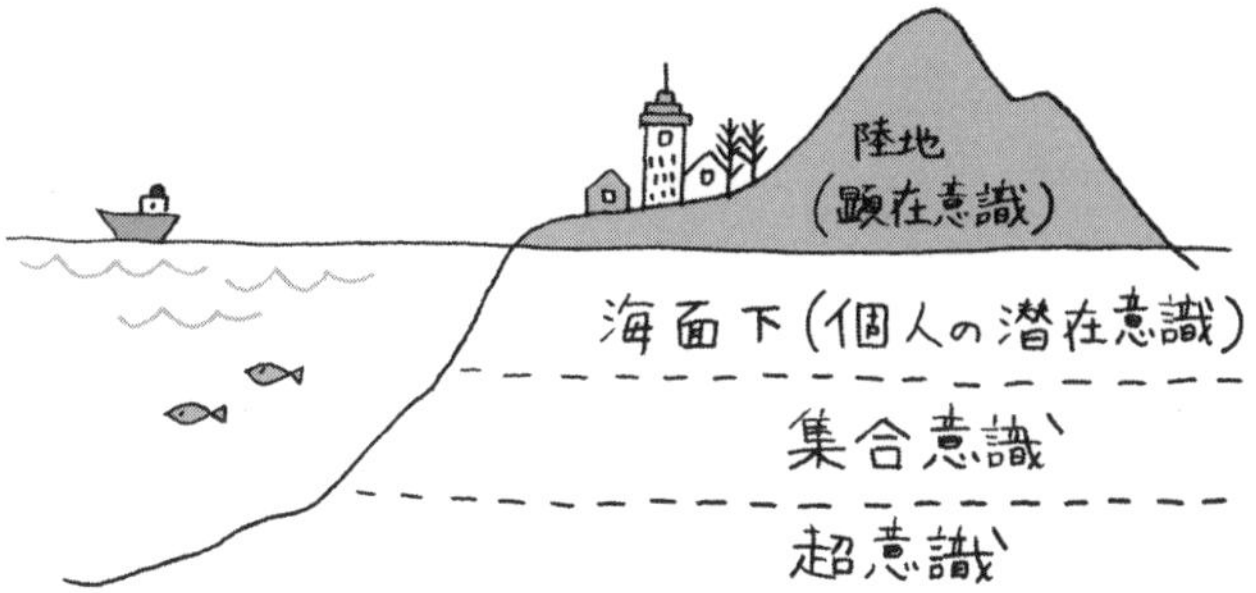

陸地と海面下の図

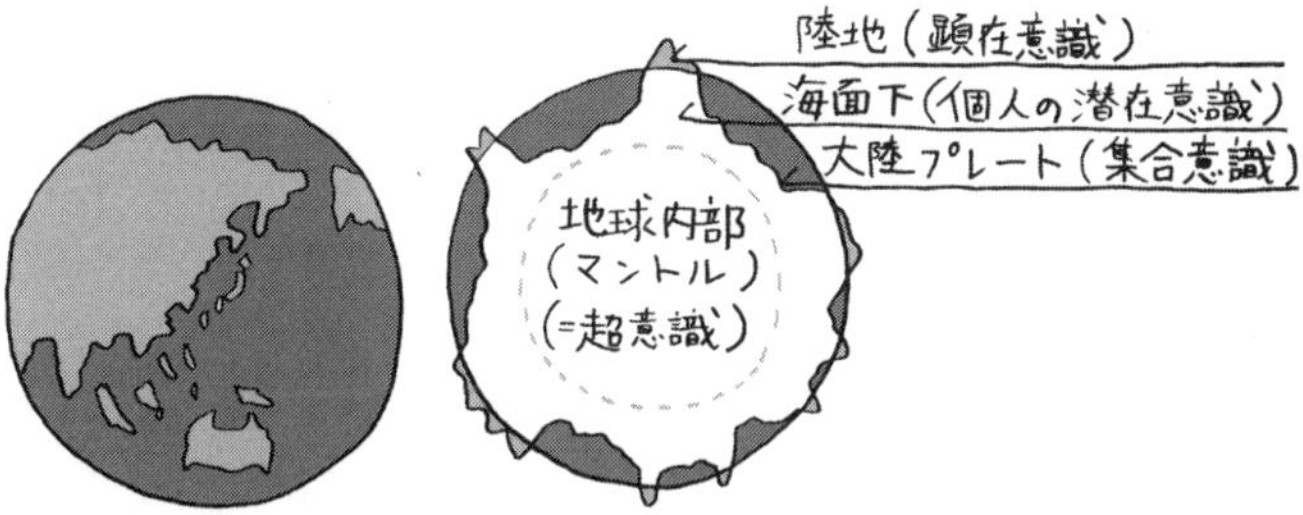

地球内部のマントルの図

「顕在意識」の役割は、自分の肉体を守ること

先述のとおり、意識全体でみれば、私たちが明確に意識できている「顕在意識」の領域は、本当にごくわずかなことがわかります。

この「顕在意識」の領域で一生懸命、思考しても、その思考が実現しないのも無理はないと思いませんか？ はっきりいって、意識的に思考している時点で、それは「顕在意識」のレベルの思考になってしまうので、意識全体の圧倒的割合を占めている「潜在意識」の前では、ほとんど勝ち目はないといえるでしょう。

では、なぜ、私たちは「顕在意識」などという意識をもっているのでしょうか？

あなたは、「所詮、顕在意識に勝ち目がないのであれば、最初から潜在意識だけでいいのでは？」と思いませんでしたか？

実は私も最初は、そう思いました。「顕在意識なんて、基本、ネガティブな発想ばかりで、役に立たないのなら、最初からいらないのでは……？」と。

しかし、私たちの意識から「顕在意識」がなくなると、それはもう「私」ではなくなります。「潜在意識」とは、「集合意識」の領域です。無意識レベルの「集合意識」の領域には、「私」はなくて、「私たち」しかいないのです。

渡り鳥の群れが、誰かに指示されたワケでもないのに、1羽を先頭にきれいなV字になって飛んでいるのは、なぜでしょう。何千、何万というイワシの大群が何の合図もなく、一瞬で一斉に方向を変えたりできるのは、なぜでしょう。

これは彼らの意識には「私」がないからだと考えられます。要は渡り鳥にも、イワシの群れにも、個々には「私」という「顕在意識」はなく、あるのは群れ全体の「集合意識」だけ。私たちは1羽ずつ、1匹ずつを別の個体だと認識していますが、意識レベルではそうではなく、彼らは全体として、同じ「集合意識」を共有している、ひとつの生命体だといえるでしょう。

つまり、「顕在意識」がなくなると、「個」の意識がなくなります。「個」の意識がなくなるとは、「私」がなくなること。「私」＝「自我・エゴ」です。「顕在意識」＝「私」＝「自我・エゴ」だといってもいいでしょう。

そう……、私たちの**「顕在意識」こそ、私を私として成り立たせている大本の意識**なのです。それゆえ、「顕在意識」は「私」という「エゴ・自我」を成り立たせるために、その存在を守ることが最大の任務であり、最重要の優先課題となるのです。

「私」の安心・安全のために常に警戒

「私」という「エゴ・自我」は、「私の肉体」を「私」だと思い込んでいます。

実際、私たちも生まれたときは、エゴも自我もなく、ただまっさらな意識だけ。その初期化された、容量0の意識というデータメモリーに、親が「私」という「自我・エゴ」のデータをインストールしていくことになるのです。

もちろん、それについては、親も全く悪気はありません。自分たちも、その親から同じように「私」という「エゴ・自我」の「顕在意識」を刷り込まれて来たのですから、自分の子どもに対しても、同じことをしているだけ。

「名前」をつけるのも、「これはダメ」「あれは危ない」「こうしなさい」と教育するのも、すべて子どものために良かれと思ってやっていることです。しかし、こうした**親の教育こそ、意識レベルでは間違いなく、真っ白だった子どもの意識に、「エゴ・自我」という名の「顕在意識」を刷り込む行為**。それによって、私たちは「自意識」という名の「顕在意識」が植えつけられることになるのです。

人として生きていく上で、自分の肉体を安全に守ることは重要です。自分を守る、自分の肉体を守るという点で、「顕在意識」の存在を否定するつもりはありませんが、それも行き過ぎると考えもの。

「顕在意識」＝「エゴ・自我」ですから、当然「自分だけ」「自分さえよければいい」という思考に陥りがちになることは避けられません。しかし、私たちの意識の大半は「潜在意識」が占めています。「潜在意識」は「集合意識」や「超意識」とつながっていますから、「自分だけ」という利己的な意識とは正反対。ここに「顕在意識」と「潜在意識」のせめぎ合い、意識の綱引きが始まることになるのです。

「顕在意識」は「私」という「エゴ・自我」、つまり、私の拠《よ》り所である肉体を守るのが最大の任務ですから、危険を排除しようと常に警戒警報を発令しています。

「それは大丈夫か？」「ヤバくないか？」「止めたほうがいいのでは？」「無茶するな」「大人しくしていろ！」「無理しなくてもいいじゃないか」などなど。

こうしたネガティブ思考は基本、「顕在意識」が「エゴ・自我」を守るために、正常に機能している証だといえるでしょう。

「私」を守ることが至上命令の「顕在意識」としては、余計なことをして、肉体を危険な目に合わせるより、ただ何もせず、ジッとしているほうが安心・安全なのです。

確かに自分の生命が脅《おびや》かされているような状況では、「顕在意識」がフル回転するのも当然ですが、現代の先進国のように、差し迫った生命の危機がない環境では、むしろ「顕在意識」が出しゃばり過ぎるとうまくいきません。
特に**夢や願望、ビジョンを掲げて自己実現しようとするなら、「顕在意識」の出番は必要最小限に抑えなくてはいけません。**

「顕在意識」としては、「エゴ・自我」の本体である肉体さえ、安心・安全に維持できているのなら、十分、満足。十分に任務を遂行できていると思っています。「私」の肉体を守るために仕事をしている「顕在意識」に、それ以上の思考を実現しろと求めるほうに無理があるといえるでしょう。

そういう意味では、家から一歩も出ず、引きこもったまま、安全・安心な（？）状態で生活できるようになった現代は、まさに「顕在意識」にとっては天国。まさに「顕在意識」の思いが現実化している世界だといって、いいのかもしれません。

「潜在意識」の役割は、宇宙の法則を守ること

「顕在意識」＝「私」＝「エゴ・自我」であり、その仕事は、「私」である「肉体」を守ることです。これは「私」がこの世で生きていくために必要な意識の働きであり、この「私」という「顕在意識」があることが、人間と他の動物との決定的な違いを生みだしているといえるでしょう。

しかし、私たち人間は、こうした「エゴ・自我」、「顕在意識」だけで生きているワケではありません。これまでみてきたとおり、「顕在意識」は意識全体のごく一部に過ぎませんし、後天的に学習して身につけたものです。

私たちが自分の思考、思い、考え、夢や願望、ビジョンを実現しようと思うのなら、意識全体の9割以上を占めるといわれる「潜在意識」を使わない手はありません。

イエ、はっきりいって、「潜在意識」を活用しなければ、人間ではありません。

あなたが人間である限り、「顕在意識」レベルでどれだけがんばってみても、本当に実現したい思考が現実化することはないと断言できます。


では、「潜在意識」とはそもそも、どんな意識なのでしょうか?

先述のとおり、「潜在意識」も大きく3つの階層に分けられると私は考えています。

「個人の潜在意識（記憶）」「人類共通の潜在意識（集合意識）」「宇宙とつながる超意識」の3つです。


この3つの意識領域は、それぞれ相互に影響し、作用し合っていますが、「顕在意識」からみて、近い順に並べると、「個人の潜在意識（記憶）」→「人類共通の潜在意識（集合意識）」→「宇宙とつながる超意識」となります。

「顕在意識」からみれば、まずはいちばん近い領域にある「個人の潜在意識（記憶）」とつながり、徐々により深いレベルの意識とつながっていくようなイメージになるでしょうか。

しかし、あなたが本当に望む思考を実現させるためには、そのルートはおススメできません。あなたの思考を現実化する力は、「個人の潜在意識（記憶）」＜「人類共通の潜在意識（集合意識）」＜「宇宙とつながる超意識」の順に強くなります。

つまり、あなたが自らの思考を本当に実現したいと思うのなら、「潜在意識」の大本にある「宇宙とつながる超意識」に働きかけることが必須条件。

いい方を変えれば、**「宇宙とつながる超意識」のレベルに直接、働きかけることができれば、その思考や想い、夢や願望、ビジョンはアッという間に実現できる**といっても決して過言ではありません。

夢を実現するいちばんの早道とは

そんな夢のようなパワーをもった「潜在意識」とは一体、どんな法則のもと、働いているのでしょうか？

それはズバリ！　「宇宙の法則」を守ることです。

私たちの「顕在意識」は、私たちの親から刷り込まれた後天的な学習によって、インストールされたものですが、「潜在意識」は、「宇宙の法則」を守るために、私たちが生まれる前から、私たちの魂に直接、インストールされている標準装備の基本ソフトのようなものなのです。

ＰＣ、インターネットの世界は、ものすごいスピードで日進月歩しています。新しいソフトが次々と開発され、人気のあるソフトは、アッという間に拡散していきます。それはまさに私たちの「顕在意識」が日々、新しい情報を取り入れて、上書きをくり返しているようなもの。しかし、そうした新しいソフトを使いこなすための基本環境・ＯＳは、実は昔からほとんど変わっていません。

どんなソフトを動かすのも、基本は文字や言語、数字です。インターネット環境を支えているのは結局、言葉や文字、数字といった、アナログの文化であり、さらに電気というインフラがなければ、ＰＣもスマホも、「金属でできた板」に過ぎません。

PC、インターネットの世界でいう、この言葉や文字、電気に当たるものが、意識の世界でいうところの「集合意識」や「超意識」だといえます。

意識の世界では、この言葉や文字という文化に当たるものが、「人類共通の潜在意識（集合意識）」であり、電気というインフラに当たるものが、「宇宙とつながる超意識」だと私は考えています。


ですから日々、新しい情報やソフトを手に入れようと躍起になるのも悪くはありませんが、本気で自らの思考を現実化して、より幸せになろうと思うのなら、すべての大本である電気の扱い方、言葉や文字、数字という文化の適切な使い方を学んで、身につけたほうが早道になるのは、なんとなくご理解いただけることと思います。

「潜在意識」の大本にある「宇宙とつながる超意識」は、地球内部のマントルのようなものであり、無限のエネルギーの供給源です。

そして「宇宙とつながる超意識」は、私たちのちっぽけな「顕在意識」が考えているような「この世のルール・法則」で動いているワケではありません。
あくまで宇宙全体を貫く「宇宙のルール・法則」で動いています。

つまり、この世で自分の思考、夢やビジョンを実現しようと思うのなら、「この世のルール・法則」と「宇宙のルール・法則」の違いを知り、「宇宙のルール・法則」に則《のっと》って、「この世のルール・法則」に合うような現実を引き寄せるための、具体的なやり方、手法、ノウハウを採用すればいいのです。

活用するのは、あくまで「宇宙のルール・法則」のほう。その法則に従って、自らの意識のいちばん深いところにある「宇宙とつながる超意識」にアクセスして、「この世のルール・法則」に合うような、現実化したい思考を入力すればいいだけです。
この仕組みさえ、理解しておけば、あなたの思考はすでに半分以上、実現したも同然。あとは潜在意識にオーダーした思考が、この世で現実化されるのを、ワクワク楽しみながら、待っていればいいだけです。

宇宙を貫く7つの法則を学ぶ

「顕在意識」の仕事が、「私」という「肉体」「エゴ・自我」を守るのに対して、「宇宙とつながる超意識」の仕事は、「宇宙の法則」を守るのがお仕事です。

では、その「宇宙の法則」とは一体、どんなものなのでしょうか。

ここでは、数ある「宇宙の法則」の中から、「これだけは……」と私が厳選した7つの法則に絞って、簡単にご説明させていただきます。

1．「エネルギーの法則」

この世のすべてはエネルギーでできています。人間も動物も、自然も人工的な無機物であっても、すべての存在、ありとあらゆる現象が、すべてエネルギーの塊《かたまり》なのです。私たち人間が、新たなエネルギーを創造するための「三種の神器」と呼ばれるものが、「想い（意識）、言葉、行動（習慣）」の3つです。

2．「磁石の法則」

すべてのエネルギーは「波動」＝「波の動き」によって成り立っています。「類は友を呼ぶ」のことわざとおり、似たような「波動」をもつものは引き合い、違うものは排斥《はいせき》します。自分の身の周りに起こる、すべての現象は自ら発した「波動」によって、磁石のように引き寄せられたものにほかなりません。

3．「鏡の法則」

自らの外側に見えるものは、すべて自らの内面の投影。自分の中にあるものしか、外側に見ることはできないような仕組みで成り立っています。自ら投げかけたものが、あとで自分が受け取るもの。すべてのエネルギーは、「出すのが先、受け取るのは後」。自分が実際に受け取ったものが、先に自分が出したエネルギーの結果なのです。

4．「ステージの法則」

「波動」のエネルギーには進化のレベルやスピードによって、経験値の違い、優劣が生まれます。エネルギーのレベルが変わると、以前と同じステージに留まることはできなくなります。エネルギーレベルが進化した存在、つまり優位者には、後から来る存在、つまり劣位者に対して、伝え導くという責任が発生します。

5.「タイミングの法則」

この世で起こるすべての現象は、「必然、必要、ベスト」。自分の身に起こることは、常に絶妙のタイミングで起こるべくして起きており、すべてが自己責任です。宇宙には「偶然」や「たまたま」はなく、偶然の一致に見えるような「シンクロニシティ(共時性)」の現象も、実は必然で、すべて宇宙のシナリオ通りなのです。

6.「プロセスの法則」

「原因」と「結果」は永遠に循環する「メビウスの輪」のようなもの。すべての存在は生成発展のプロセスにあり、宇宙には「終わり」もなければ、「始まり」もありません。私たちの人生とは魂レベルでは、永遠に続く「ドミノ倒し」のようなものであり、すべてのことが必要なピースの連続。無駄なことなど、何ひとつありません。

7.「バランスの法則」

すべてのエネルギーには、対極にあるふたつの極の間を波のように動いて、バランスを保とうとする性質（＝「ホメオスタシス（恒常性）」）があります。すべての現象はバランスで成り立っており、起きる現象それ自体は、中立であり、ニュートラル。絶対的な「良い・悪い」は、宇宙には存在しません。

以上の7つが「宇宙の法則」の基本原理です。

この世の法則・ルールには「例外」や「特別」があり、時間や場所によって変化します。しかし、**「宇宙の法則」は、いつでも、どこでも、どんな状況でも、「常に同じ」「すべてに適用」**というところが、最大の特徴であり、ポイントです。

あなたも「宇宙とつながる超意識」にアクセスして、本当に望む思考を現実化したければ、「宇宙の法則」を意識して、「いつも変わらず、同じであること」を心がけてみてはいかがでしょうか？

すべての物質はエネルギーをもって動いている

さて、「宇宙の法則」の中の一番目は、「エネルギーの法則」でした。

「この世のすべてはエネルギーでできている」という、この宇宙の法則は、本書のテーマである「思考は現実化する」と、実は同じことをいっているのです。

あなたも学生時代、「原子モデル」について、学んだ記憶があるでしょう。

あなたもきっと、「水素（H）」「ヘリウム（He）」「リチウム（Li）」といった元素記号を「スイ・ヘイ・リー・ベ」と覚えた記憶があるのではありませんか？

物質をドンドン小さく、ミクロの単位で分類していくと、やがて行き着く物質の最小単位が「原子」です。厳密には「原子」のさらに先に、素粒子（クオークなど）と

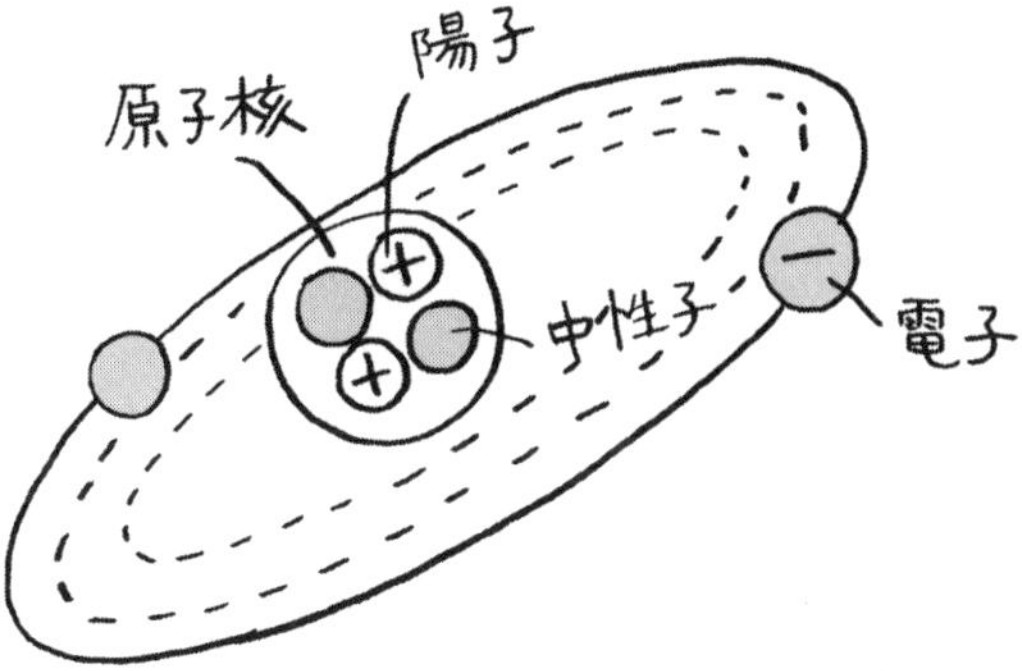

呼ばれる、さらなる微細な物質があることが確認されているようですが、とりあえず、私たちが学校で学んだ物質の最小単位が「原子」でした。

その「原子」はマイナスの電荷をもつ「電子」と、プラスの電荷をもつ「陽子」と電気的に中立な「中性子」からなる「原子核」と呼ばれるパーツに分けられます。それは真ん中にある「原子核」の周りを「電子」がグルグル回っているといわれたり、波のような波紋を描いているといわれたり、あるいは雲のような動きをしているとか、いろいろな説があるようです。

いずれにしても、すべての物質は、それが命のあるもの、ないものにかかわらず、ミクロの世界では常に動いている。

つまり、すべての物質はエネルギーをもっているということなのです。

これは現代の科学が認めた事実です。しかし、問題はこの事実のすごさが、一般的にちゃんと伝わっていないことにあると私は感じています。

だって、**すべての物質はエネルギーをもって、動いている**んですよ！

私たちのように命のある生物であれば、それはまだなんとなく、イメージできるかもしれません。しかし、この「原子モデル」が適用されるのは、命ある生物だけではありません。植物でも、鉱物でも、化学合成された無機物でも同じ。

つまり、この世のすべての物質は、人間であろうが、犬や猫などの動物であろうが、野に咲く花の植物や、道端の石ころなどの鉱物であろうが、この本の原料である紙も、あなたが今、座っている椅子も、身につけている洋服や靴も、普段、使っているスマホやパソコン、家の壁や床、天井や屋根に至るまで、すべてのモノが、常にエネルギーをもって動いているのです！

これが事実として、科学的にちゃんと証明されているのです！

このすごさに気づけば……、イエ、このすごさに気づけない内は、あなたが本当に実現したい思考が現実化することはないと、私は断言できます。

あなたの思いは、すべてのモノに伝わります

今から15年ほど前、ある本に紹介されていた「実験」をしたことがあります。

当時、小学生だった私の長男が夏休みの自由研究に困っていたので、「これは面白いかも……」とひらめいて、子どもと一緒に取り組みました。

その「実験」とは、炊き立てのお米を３つの透明な瓶に少量ずつ、分け入れます。

Ａの瓶には、「ありがとうございます」という文字を紙に書いて貼りつけ、Ｂの瓶には、「ばかやろう」と書いた文字を貼りつけました。Ｃの瓶は、そのまま、特に何も手を加えません。

お米を入れた、その３つの瓶のフタを閉め、玄関脇の下駄箱の上に並べて置き、毎日最低１回、Ａ、Ｂそれぞれの瓶に向かって、「ありがとうございます」と、「ばかや

ろう」と声をかけます。その経過観察を5日ごとに写真にとって記録するというもの。

その実験結果は、私も驚くものでした。最初の5日間は、3つの瓶に大きな違いは見られませんでしたが、10日目ぐらいから、明らかな差が出てきて、夏休みが終わる40日後になると、同じお米とは思えないほどの違いが生まれました。

「ありがとうございます」と書いて、声をかけたAの瓶のお米は、お米の形がまだ残っており、カビも生えているのですが、そのカビは少しオレンジ色がかって、発酵が進んでいる感じ。瓶を開けて、臭いを嗅ぐと、ちょっと酸っぱい臭いがしました。

「ばかやろう」と書いて、声をかけたBの瓶のお米は、結構な感じで、黒カビや青カビが生えてきて、腐敗が進んでいる感じ。臭いはかなりくさいのですが、それでもお米の形はまだある程度、残っていました。

そして、何もしなかったCの瓶のお米は真っ黒に変色して、ヘドロが溶け出しているような感じになりました。もちろん、臭いも強烈で、臭いをかいだ息子は思わず、涙目になるぐらい、咳き込んでいました（笑）。

意識のエネルギーの影響力

ここから先は、この「実験」を通して得た、私の気づき、感想です。

先の「原子モデル」のところでみたとおり、私たち人間も、エネルギーの塊です。その人間が思考する、思う、考えるとき、それらは電気と同じように、何らかのエネルギーを発しています。ここまでは物理学でも証明済みの事実です。

一方、すべてのモノも、原子レベルではエネルギーを発しながら、常に運動しています。私たち人間が思考の際、発したエネルギーが、そのモノがもつエネルギーと共鳴したり、反発したりすることで、そのモノのエネルギーに影響を与え、変化させることになるのは、極めて自然な流れでしょう。

つまり、**私たちの思考は、私たちの周りのモノに、常に影響を与えている**のです。

私たちの思考がポジティブなエネルギーをもっていれば、その影響を受けたモノは、ポジティブに変化します。私たちの思考がネガティブなエネルギーをもっていれば、その影響を受けたモノは、ネガティブに変化せざるを得なくなるのです。

では、ポジティブでも、ネガティブでもない、エネルギーそのものを送っていないCの瓶のお米がなぜ、いちばん腐敗が進んでしまったのか？

それは、私たちがエネルギーを送っていなかったからではないでしょうか。

仮にネガティブなエネルギーであっても、エネルギーを送るということは、そのモノ自体の存在を認めているのは、間違いありません。

しかし、「何もしない」「無視する」ということは、そのモノ自体の存在さえ認めていないということ。つまり、私たちがそのモノやコトに対して、エネルギーを送らなければ、そのモノやコトはそこにあっても、ないのと同じ。まさにエネルギー的には、なくなった、死んでいる、消滅したと同じだといえるでしょう。

昨今の「いじめ」問題で、最も陰湿で残酷ないじめ方が「無視すること」だといわれますが、これはエネルギー的にみて、その通りです。

「何もしない」「無視する」という行為は、まさに私たちがCの瓶にしたのと同じこと。これはBの瓶にした、「ばかやろう」というネガティブなエネルギーを送ることより、残酷な結果を招くことになるのです。

このお米の実験を通じて、私は人の意識のエネルギーの影響力の大きさ、すごさをまざまざと実感させられました。たった、1日1回、瓶の外から「ありがとうございます」「ばかやろう」というエネルギーを送った、「無視」してエネルギーを送らなかっただけで、これだけ明確な変化が出るのです。もし、この実験の対象がお米ではなく、人だったら……、あるいは自分自身だったら……と思うと、深く考え込まずにはいられません。

あなたの思いはエネルギーとなって、あなたの周りのヒト、モノ、コトに確実に届いており、そのヒト、モノ、コトに常に影響を与えています。さらに**エネルギーは発信した本人に、再び同じエネルギーとして返って来ます**。

それがあなたの現実を創る材料となっているのは、まぎれもない事実。「あなたの思考が、あなたの現実を創る」というのは、まさにこういうメカニズムなのです。

「現象の樹」のメカニズムを学ぶ

さて、ここまで見てきて、私たちの思考、考え、思い、意識が現実を創っているということは、なんとなくご理解いただけたのではないかと思われます。

なので、ここからはもう少し具体的に、「どうすれば、その意識を思い通りに使いこなせるのか」ということについて、解説していきたいと思います。

私たちが生きているこの3次元で何らかの現象が起こるメカニズムを、わかりやすく樹木にたとえて解説してみましょう。

私たちの身の周りでは日々、「うれしいこと」や「悲しいこと」、さまざまな現象が起きており、そうした現象を見ながら、一喜一憂して生きているというのが実情です。

私たちの人生に起こる、こうした目に見える「結果・現象」は、樹木にたとえると、

「花」や「果実」に当たるといえるでしょう。私たちは樹木に花や実がなっていると、どうしてもその花や実のほうばかりに目を奪われてしまいますが、花や実は樹木とは別に単独で、「それだけ」で存在しているワケではありません。

樹木に花や実がなるためには、それを支えるための枝や葉の存在が必要であり、さらにその枝葉を支えるための太い幹も必要です。

さらに、そうした花や実、枝葉、幹など目に見える部分を支えるためには、それと同じくらいのボリュームで、地面の下の目に見えない部分に張り巡らされた根っこの存在が欠かすことができないのは、きっとご理解していただけるハズ。

つまり、樹木に「花や実」という「結果・現象」がなるためには、その「原因」に当たる「枝葉」や「幹」「根っこ」などが、先に存在していたということです。

この樹に花や実がなるメカニズムと同じ、極めて当たり前のことが、私たちの人生にも同じように、当てはまるのです。

人生を創造する「三種の神器」と呼ばれるものがあります。

まず樹木の「根っこ」に当たるものが、私たちの「思考・想い・意識」です。これは地面の下にあるので、目で見ることはできません。その「根っこ」から大きく伸びて、枝葉を支えている「太い幹」に当たるのが、「言葉」です。その「太い幹」の先にあって、「結果」に当たる「花や実」を直接支えているのが、「枝葉」に当たる「行動や習慣」となるワケです。

そう……、先述の「宇宙の法則」の「エネルギーの法則」のところでも触れたとおり、「意識・言葉・行動」の3つが、この世で現実や現象を創造するための「三種の神器」と呼ばれるものです。

「意識＝根」→「言葉＝幹」→「具体的な行動＝枝・葉」という順番に、地中から「エネルギー＝養分」が流れていって、その先に「結果・現象＝花・実」がなる。

これこそ、私たちが人生でどんな「実＝現象」を味わうことになるのかを決定づける、この世界を貫く基本的な仕組みであり、目に見えない世界にある「思考・想い・意識」が、どういうプロセスを経て、現実になるかを理解するために、ぜひ、知っておいて欲しい、とても重要なメカニズムです。

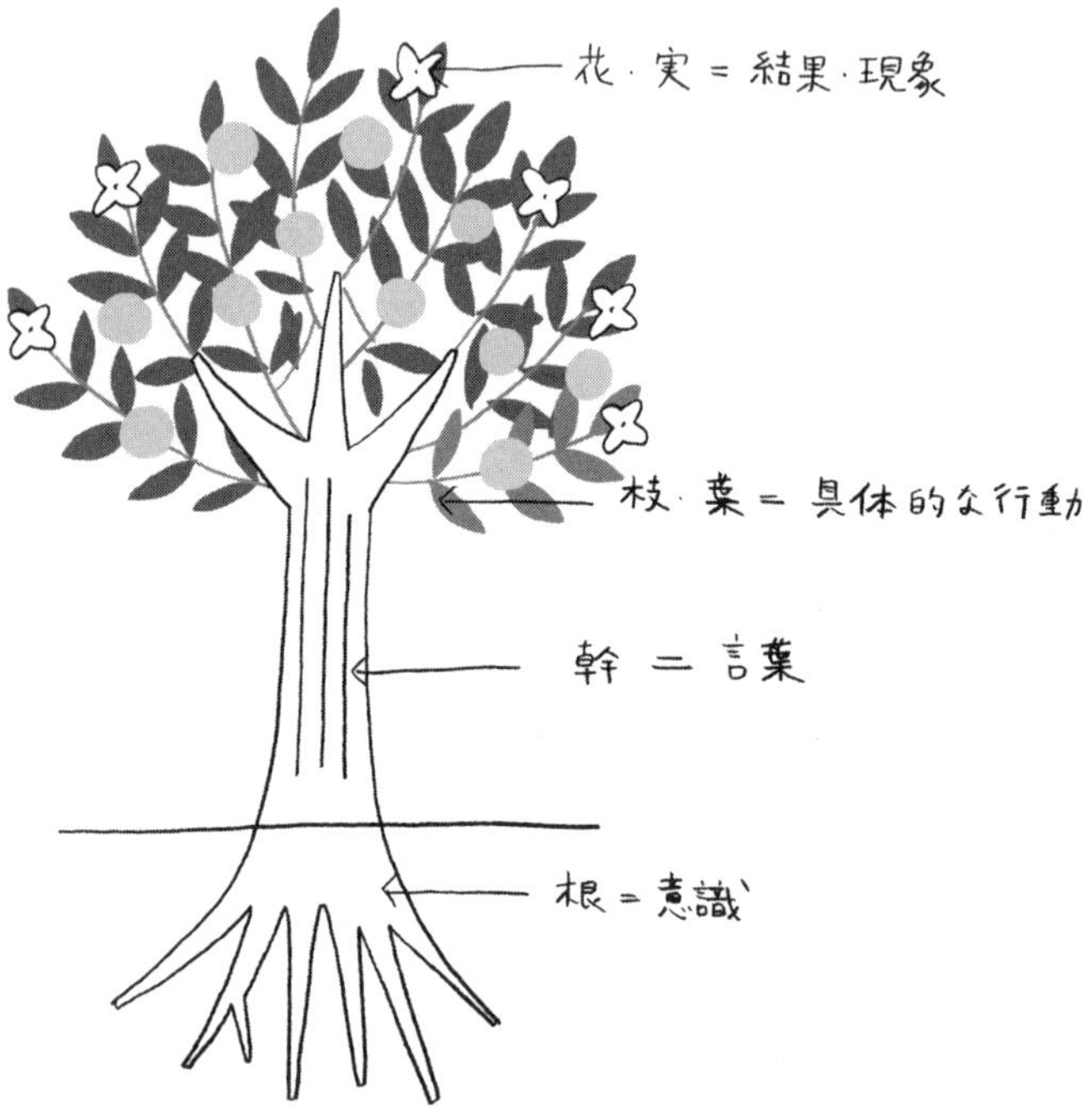
花・実＝結果・現象
枝・葉＝具体的な行動
幹＝言葉
根＝意識

「目に見える世界」と「目に見えない世界」を結ぶのは、「言葉」

「現象の樹」のモデルにおいて、最も注目していただきたいのは、ズバリ！「幹」の部分。「幹」＝「言葉」です。

「言葉」を使って話したり、書いたりすることが、目に見えない世界に位置する「意識の根っこ」と、目に見える世界にある「行動・習慣の枝葉」や「結果・現象の花や実」をつないでいるのです。

この「太い幹」こそ、樹木という名の人生全体の根幹、中心に位置する、極めて重要な要素だといえます。

「結果・現象という果実」の大きさや種類、出来・不出来を決定づけるのは、この「言葉の幹」だといっても決して過言ではありません。

ですから、古来から「言葉」は「神」と崇《あが》められたり、「魂が宿る（＝言霊）」として、大切に扱われて来たのです。それは迷信や観念論などではなく、この3次元での現象化を司る極めて現実的、論理的な仕組みに他なりません。

「意識・言葉・行動」の3つのかけ算によって、私たちが人生で味わう現象が左右されるのです。この「意識・言葉・行動」の3つを思い通りに使いこなすことができれば、人生において、どんな「現象」も想いのまま……、自由自在に創造できるのです。

そしてその中核、真ん中に位置するのが、「言葉」というツール（道具）であり、言葉を使って「話す・書く」という行為になるのです。

キリスト様は、聖書の中で「はじめに言葉ありき。言葉は神なりき」と説かれています。日本は古来から、言葉の力によって幸せがもたらされる国として、「言霊の幸《さきは》ふ国」であると信じられてきました。

これらの言葉は、決して古めかしい迷信や根拠のない言い伝えの類いではなく、先のお米の実験でも観られたとおり、宇宙的な真理、真実。

まさに「言葉を制するものが、自らの人生を、現実を制する」のです。

「言葉」とは、「エネルギー」そのものです。

「話す」とは「エネルギーを発すること」に他なりません。そう……、「話す」ことは、「放つ」こと。まさに「エネルギーの放出」です。

「話す」ことは、「離す」こと。あなたから放たれ、あなたを離れた言葉のエネルギーは空気中に放出され、空に……、宇宙にその振動が伝わっていくのです。

さらに、「現象の樹」のモデルでみていただいたとおり、「言葉」は「目に見える現象の世界」と「目に見えない意識の世界」を結ぶ、「幹」に当たるもの。

つまり、**あなたが話した言葉は、「目に見えない現象の世界」と「目に見えない意識の世界」の両方に、一度に働きかけることが可能になる**のです。

目に見えない領域にある「思考、想い、意識」を思い通りに、コントロールすることは至難の業。だって、自分で意識できる領域にある「顕在意識」は、意識全体の領域のわずか1割にも満たないのです。しかも、その「顕在意識」は、「私」という「肉体」「自我・エゴ」を守るのが仕事ですから、「顕在意識」に任せておいたら、口からついて出る言葉は、基本ネガティブに陥ることは避けられません。

ネガティブな言葉を日常的に話したり、書いたりしていて、ネガティブ思考に陥らないハズはありません。「顕在意識」に任せたネガティブ思考の元、普段からネガティブな言葉で話したり、書いたりしていれば、行動や習慣もネガティブなものにならざるを得ません。その結果、あなたの人生にはネガティブな「結果・現象」という「花や実」がなるのも、極めて当然だと思いませんか?

あなたが思い描くポジティブな現象が、あなたの人生に起こらない決定的な理由が、ここにあります。あなたが、**どんなにポジティブなことを思考しても、その思考を言葉にして、発したり、書いたりしない限り、その思考はないのと同じ。**「目に見える現実世界」も、「目に見えない意識の世界」も、ピクリとも反応してくれないのです。

顕在意識はお客さん。潜在意識はタクシーの運転手さん

この世で思い通りの現象を引き寄せるための仕組み・メカニズムについて、ここでは今までとは違う、別の角度からさらに解説してみましょう。

先述のとおり、私たちは1日に約6万もの考え事、思考をしています。それは私たちのアタマの中に住んでいる、「小さなおじさん」がずっとブツブツと独り言をつぶやいているようなものかもしれません。

「暑いな（寒いな）」「仕事、行きたくないな～」「ヤダ。今日の髪型、いけてない」「お腹、空いた」「あ～、眠い」「部長の話し、今日も長いな～」「今日の晩ご飯は何、食べよう」「トイレに行きたい」「あの番組、録画するの忘れてた」などなど。

言葉にはしなくても、こんな思考を起きている間中、ずっと考え、アタマの中で独り言を言い続けているのが、私たちの「顕在意識」の実情です。

たとえば、あなたがダイエットにトライしていると仮定して、そのとき、あなたの「顕在意識」という名の「小さなおじさん」は、「お腹、空いた」「ちょっとだけなら、いいよね」「ダメダメ！　何、言ってるの！　ダイエット中でしょ！」「いいじゃん、チョコ1個だけなら」「ダメだよ！　それで何度も失敗しているじゃん」「だって、お腹空いて、死にそうなんだもん」「ダイエットは明日からにしよう！」などという会話をアタマの中で、ひとり二役で延々とくり返しているのです。

この場合、何が現実になるのかといえば、ただ単純に、あなたがより多くのエネルギーを注いだ思考が現実化します。そこに「良い・悪い」は一切、関係ありません。

あなたは「顕在意識」のレベルでは、「ダイエットをする！」と決断したつもりかもしれませんが、その「顕在意識」でも、自分の意志をコントロールし切れず、あれこれ迷った挙句、「やっぱり（ダイエットは）止めた」という現実を引き寄せてしまうことになるのです。

言葉で明確に伝える効果

自分の意志である程度、コントロールできる「顕在意識」でさえ、こうなのですから、これが「顕在意識」よりも、もっとパワフルで、もっと影響力の強い「潜在意識」が相手になると、もう太刀打ちできない。お手上げだといってもいいでしょう。

私たちの「顕在意識」と「潜在意識」の関係は、「お客さん」と「タクシー運転手さん」との関係と同じだと、私は考えています。

私たちの「顕在意識」は、タクシーに乗っている「お客さん」。そのタクシーのハンドルを握って運転しているのは、「潜在意識」のほうなのです。

私たちは人生において、自分の人生のハンドルは、自分で握っていると当然のように思っていますが、実はそうではありません。

「顕在意識」が自分で人生のハンドルを握っていると勘違いしているから、人生がうまくいかなくなるのです。実際に人生のハンドルを握っているのは、「潜在意識」の運転手のほうなのですが、後ろに乗っている「顕在意識」が、自分が運転しているつもりで、あれこれと注文をつけるから、道に迷ったり、混乱することになるのです。

先ほどのダイエットの例であれば、「顕在意識」がすべきことは、「○日までに○キログラムまで、ダイエットする！」と、「潜在意識」のタクシー運転手に告げるだけ。そうすれば、「潜在意識」のタクシー運転手は目的地までの最短コースを自分で調べて、「○日までに○キログラム」という目的地に運んでくれることになるのです。

にもかかわらず、「顕在意識」が自分がハンドルを握っていると勘違いしていると、「別の方法のほうが早いかも」「もっと楽な方法はないかしら」「ダイエットなんて、私には向いてないかも」などと、ブツブツ独り言をくり返すことになります。

すると、その独り言を聞いていた「潜在意識」のタクシー運転手は、どこを目指していけばいいのか、わからなくなります。そして、こう聞いてくるでしょう。

「お客さん、本当はどこに行きたいのか、はっきりしてくれます？」と。

こういわれた「顕在意識」は、「申し訳ありません。もういいです」といって、タクシーを降りるか、また別の行き先を告げることになるというワケです。

「顕在意識」の考えていることは、些細《ささい》な独り言であっても、すべて「潜在意識」には通じています。そこは「目に見えない世界」にある意識同士。誤魔化すことはできません。**「顕在意識」の中で、より強く、よりたくさん、よりエネルギーを注いだ思考だけが、「潜在意識」に伝わり、それが極めて自動的に実現する**ことになるのです。

私たちが本当に望む現象を引き寄せたいと思うのなら、すべきことは、ただひとつ。「顕在意識」で、たどり着きたいゴール・目的地を決めて、「そこへ行ってください！」と、「潜在意識」のタクシー運転手に、言葉にしてはっきり明確に告げるだけ。

そのとき、「言葉」というツールが、絶大な効果を発揮します。

「顕在意識」の独り言と、言葉に出して、はっきりと行き先を告げるのとでは、「潜在意識」にとって、どちらが運転しやすいかは、いうまでもないでしょう。

はっきりと言葉に出して目的地を告げて、あとのルートは「潜在意識」の運転手にお任せして、私たちはタクシーのお客さんとして、黙ってデンと後部座席に座っているという形が、実はいちばんスムーズに、思考が現実化する仕組みなのです。

ただ「検索キーワード」に入力すれば、それでいい

　ここまで「目に見えない世界」にある「思考、想い、意識」が現実化するメカニズムについて、学んできました。

「目に見えない世界」にある「意識」の大半を占めているのが、「潜在意識」と呼ばれる無意識層であり、ここにアクセスしなければ、望む現象を現実化することはできません。その「潜在意識」にアクセスするに当たって、最も効果的、効率的なツールが、「言葉」であることは、おわかりいただけたのではないかと思います。

「意識」、つまり「思考や思い」と「言葉」は、違うものです。

「思考、思い、意識」などは見えませんが、「言葉」は眼には見えなくても、現実的に確認することは可能です。「意識」に直接アプローチできれば、確かに効果的です

が、現実的にその方法はあまり効率的ではありません。
「思考、思い、意識」に直接、働きかけるより、むしろ現実的に確認できる「言葉（話す・書く）」のほうからアプローチしたほうが、より効率的かつ実践的です。

一生懸命、「感謝」の思いを念じるより、「ありがとう」のひと言を直接口に出したほうが、この3次元ではより効果的で、現象化しやすいのです。がんばって、「ポジティブ思考」を続けるより、ポジティブな言葉を話したり、書いたりしたほうが、現実に与える影響は大きく、効果も早く現れます。それがこの3次元でのルールです。

インターネットで探しものをするとき、あなたも「検索エンジン」にキーワードを入力するでしょう。この「検索エンジン」こそ、「思考、思い、意識」が現実化する仕組み、そのものです。
どんなに優秀な「検索エンジン」であっても、ただ思っているだけ、考えているだけでは、その機能はピクリとも動きません。そこに具体的な文字や音声を入力しない限り、できるだけ欲しい情報に最短距離で出会えるように、言葉や文字を工夫しない限り、あなたが求めている情報が引き寄せられることはありません。

このとき、意識は関係ありません。極端な話、アタマの中はネガティブなことで埋まっていてもかまいません。**アタマの中はネガティブ満載のままでもいい**のです。

アタマで何を考えていても、その考えとは関係なく、適切な文字や音声を「検索エンジン」に入力すれば、たちまち欲しい情報が手に入ります。それと同じ。

つまり、ポジティブな現象を望むのであれば、話す言葉や書く言葉をポジティブなものに変えていくだけ。それだけで、あなたが望んでいた、ポジティブ現象が何倍も早く、かつ効率的に引き寄せられることになるのです。

自分の意志、特に「顕在意識」だけではままならない、目に見えない領域の「思考、思い、意識」に働きかけようと、悪戦苦闘するのがいいのか、「思考、思い、意識」はそのままにして、具体的に自分の口から出る言葉や書く文字を単純に変えていくほうがいいのか……。私たちに求められているのは、そのシンプルな二択に過ぎません。

エクササイズ

わからないことは身体に聞くワーク

この章でみてきたとおり、私たちの「思考、思い、意識」はエネルギーであり、常に自分や周りに影響を与えています。見方を変えれば、私たちは常に自分の周りのヒト、モノ、コトからエネルギーを感じ取り、影響を受けているともいえます。

ここでは私たちが周りのヒト、モノ、コトから、知らず知らずの内にどんなエネルギーを受けているのかについて、実験を通して体験してみましょう。

ワークの手順

1 まず、今ここで立ち上がって、軽く前屈してみましょう。

どれぐらい曲がりましたか？　床に指先がつきましたか？　それとも全然、届かない感じでしょうか？　厳密にメジャーで測らなくてもかまいませんが、大体、どれぐらい曲がったのかを覚えておいてください。

2 それでは次に、家の中にあるもので、たとえば「風邪薬」「殺虫剤」「タバコ」「スティックシュガー」などの中から、ひとつを選んで、それを手に、もって、あるいはポケットに入れて、同じように前屈をしてみてください。

どうでしょう？　いちばん最初の、何ももっていないときと比べて、曲がり方は変化しましたか？　より曲がりましたか？　変わらない？　そ

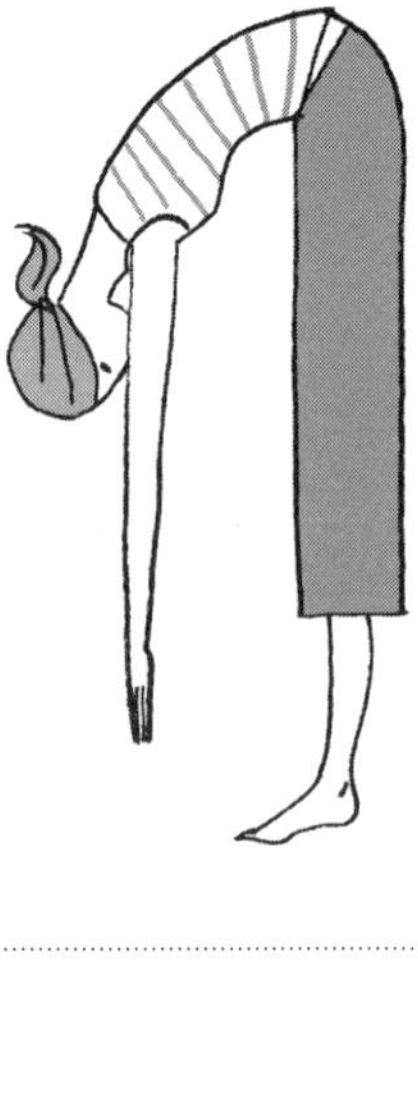

れとも、曲がりにくくなったでしょうか？

3 さらにもうひとつ。今度は家の中にあるモノで、あなたのお気に入りのモノを用意してください。お気に入りのモノであれば、何でもかまいませんが、手にもてる程度の大きさのモノにしましょう。たとえば、「お気に入りのアクセサリー」とか、「大好きな人（芸能人）の写真」とか、「大好きな食べ物」「現金がたくさん入ったお財布」とか、「貯金通帳」などでもいいかもしれません。

4 その中からひとつを選び、先ほどと同じように、前屈してみましょう。

今度はどうでしょうか？　いちばん最初の、何ももっていないときと、2回目の「風邪薬」「殺虫剤」「タバコ」「スティックシュガー」などをもったときと比べて、曲がり方はどうでしょう。より曲がりましたか？　変わらない？　それとも、曲がりにくくなりましたか？　その違いを自分で比べてみてください。

これは「筋肉反射テスト」と呼ばれるものです。

私たちの「潜在意識」には、自分の身体に悪い影響があるものと、良い影響があるものを瞬時に見分ける能力が備わっています。

一般的に自分の身体に悪い影響を与えるものをもつと、無意識に身体が防御反応を示し、筋肉が収縮・緊張して、固くなります。つまり、前屈をすると、曲がりにくくなるのです。

これに対して、自分の身体に良い影響を与えるもの、自分のテンションが上がるものをもつと、自然に緊張がほどけ、リラックスして身体が緩みます。その結果、前屈をすると、より柔軟性が増し、曲がりやすくなるのです。

このように、自分では特に意識していないものであっても、「潜在意識」はちゃんと、そのエネルギーを見分けて、瞬時に判断しています。

「潜在意識」のこのジャッジは、極めて自動的、かつ一瞬で行われます。「潜在意識」は、こういうことを日常のありとあらゆる場面で、淡々と実行しているのです。

ですから、普段から「潜在意識」レベルで、「よくない」「自分に合わない」と判断されたヒト・モノ・コトに囲まれて暮らしていると、「潜在意識」は常に緊張状態を強いられ、自分を守るために縮こまり、その無限の能力を自由に発揮できなくなってしまうので、要注意です。

第3章

自分の潜在意識の見つけ方

自分の潜在意識を見つける

この章では、自らの思考、本当に実現したい目標を明確にするため、自分の「潜在意識」のありかを探していきたいと思います。

いくら「言葉」を使って、自らの「潜在意識」に働きかける方法がわかっても、肝心の「潜在意識」が一体、何を望んでいるのかがわからなければ、「潜在意識」の願望を実現することはできません。

「潜在意識」の願望がわからないと、第1章でみたとおり、「顕在意識」のいうとおりに現実的に努力して、成果を上げて、目標を達成したと思っても、その場所は自分が本当に望んでいる場所ではなかったということになりかねません。

事実、現代の日本では、親や教師、周りからの期待に応えようと、一生懸命、がんばって受験勉強を乗り切り、当面の目標である「理想の就職先」に入ったものの、そこで人生の目標を見失って、「燃え尽き症候群」になっている人も少なくありません。

私たちの「潜在意識」は、私たちが生まれてから亡くなるまで、ずっと「私」に、「私の顕在意識」にメッセージを送り続けてくれています。

先述のとおり、「潜在意識」の大本は、「宇宙とつながる超意識」であり、さらにその前には「人類共通の潜在意識（集合意識）」があり、その手前には「個人レベルの潜在意識（記憶）」もあります。

それらの「潜在意識」は、それぞれのレベルに応じた気づきのメッセージを、「私の顕在意識」に送り続けてくれています。「潜在意識」からのメッセージはときには弱々しく、ときには力強く、私たちの元に届けられているのですが、私たちのアタマは日々、考えることに忙し過ぎて、そうした「潜在意識」からのメッセージに全く気づいていない……、ほとんど無視してしまっているのが実情なのです。

この章では、そうした「潜在意識」からのメッセージに気づくためのヒントやコツをご紹介していきます。

それは意識全体の、わずか1割程度。「顕在意識」でどんなに一生懸命、「思考」してみたところで、その1割程度の「顕在意識」の「思考」が実現する確率は極めて低く、仮に努力と根性で、その「思考」が実現できたとしても、心の奥の深い部分、つまり「潜在意識」レベルでは「こんなハズじゃなかったのに……」と後悔することになる可能性は極めて高いといえるでしょう。

あなたの「潜在意識」は、これまでみてきたとおり、その深い部分、「超意識」と呼ばれる部分では、ちゃんと宇宙とつながっています。

宇宙とつながった状態の「潜在意識」が指し示してくれる目標が見つかれば、もう人生で迷うことも、悩むことも、ブレることもなくなります。あとはその目標に向かって、自分のできることを毎日、楽しく、コツコツと続けていくだけ。

そのとき、すでにあなたの思考は現実化していることでしょう。

さぁ、あなたの「潜在意識」は、あなたにどんなメッセージを、一体、何を伝えようとしてくれているのでしょうか？

そんな「潜在意識」からのメッセージに気づくためのヒントとして、以下の10項目をチェックしてみてください。

実は、あなたの周りの意外な場所に、自らの「潜在意識」へとつながる扉が用意されているのです。以下の10項目を順にチェックしていくことで、あなたが「潜在意識」の声に素直に耳を傾ける姿勢を示せば、「潜在意識」からの声は、きっと日に日に大きく、はっきり聞こえてくるようになるハズです。

あなたが自らの「潜在意識」の声に気づき、「潜在意識」のメッセージに耳を傾け、「潜在意識」としっかりつながったとき、あなたが本当にこの世で味わってみたかった「思考」が、極めて自然に、おもしろいように現実化することになるのです。

1 自分の名前をチェックする

あなたは自分の名前が、お好きですか？　それとも、嫌い？

あなたの名前は、あなたのご両親がつけてくれたと思っているでしょうが、「潜在意識」レベルでみると、実はそうではありません。

「顕在意識」的には、そのとおりなのですが、「潜在意識」的にみると、あなたが、あなたのご両親の「潜在意識」に働きかけて、つけてもらったものと考えられます。

つまり、**あなたの名前は、あなたのご両親、名付け親の「潜在意識」と、あなた自身の「潜在意識」とが共同作業で生み出したもの**だといえるのです。

これはある筋では、とても有名な話です。皇太子妃の雅子さまと秋篠宮妃の紀子さまは、いずれも一般人から皇族になられたことで、初めて義理の姉妹関係が結ばれたお二人です。一般人のときは、お二人の接点は特になかったとお伺いしています。先に川嶋紀子さまが、秋篠宮妃として嫁がれ、その後、皇太子妃候補として、何名かのお名前が挙がっていた時期がありました。

そのとき、私はあるセミナーで、「この方がきっと、皇太子妃になるだろう」と教えてもらいました。そのとき、教えてもらった方のお名前が、「小和田雅子さま」。現在の皇太子妃雅子さま、その人でした。

そのとき、教えてもらった理由は、こうでした。

紀子さまの旧姓を、ひらがなで書き記すと、「かわしまきこ」さま。

これと同様に雅子さまの旧姓を、ひらがなで書き記すと、「おわだまさこ」さま。

このふたつの名前を並べて、二人の名前の文字を、交互にひとつ飛ばしで、ジグザグにつなげて読んでいってみてください。

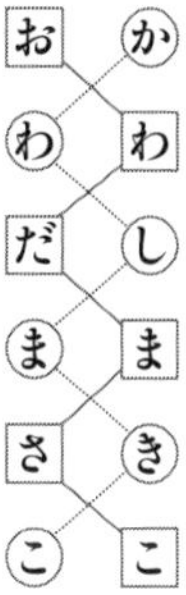

「か↓わ↓し↓ま↓き↓こ」「お↓わ↓だ↓ま↓さ↓こ」となるでしょう。

これは全くの偶然、たまたまなのでしょうか？　別人の二人の名前でこんなことが偶然に起こりうる確率は一体、どれくらいのものなのでしょうか？

「名は体を表す」という言葉があります。

日本語は一音一音、すべてに意味がある「音霊・言霊」を宿す言葉ですから、その名前でずっと呼ばれていると、その名前通りの人になっていきます。

自分の名前を嫌うのは、自分自身を否定しているのと同じなので、要注意です。

たとえば、「サキ」さんの「さ」は、「差、先、指す、ささやか」など、「微細、繊細」を表す言葉。「き」は、「気、木、切る、キツイ、厳しい」など、「強く、激しい」エネルギーを表します。つまり、「サキ」さんという名前には、「繊細で強いエネルギー」が宿っているのです。まずは素直に、その特徴を受け入れること。

その昔、一世を風靡した「スケバン刑事」というTVドラマがありましたが、その主人公の名前は、「麻宮サキ」。まさに「繊細で強いエネルギー」をもつ主人公のキャラにピッタリの名前だったといえるでしょう。

自分の名前をひらがなにして、その順番を並べ替えて、ひとつの意味を成す言葉、新しい文章をつくっていくことを「アナグラム」といいます。

たとえば、私、「はづき虹映」の場合、「はづきこうえい」→「つきはえいこう」。「月（ツキ）は、栄光」となります。これは私が確立した「はづき数秘術」という「暦（＝月）や運気（＝ツキ）を読むメソッドが、栄光をもたらしてくれる」と解釈できます。ちなみに私は、「はづき虹映」というペンネームをつける際、「アナグラム」の智慧を活用して、名前をつけたので、サッと出てくるのは当然ですが……。

ただ、「氏名」は「使命」に通じるので、この名前の「アナグラム」が読み解ければ、自分の今生での使命が読み解けるようになるといわれています。

このように自分の名前を「音」でとらえ直してみたり、「文字」を入れ替えて「アナグラム」を考えてみるだけで、「潜在意識」からのメッセージが読み解け、そこから私たちの本当の運命、使命が浮かび上がってくるかもしれません。

2 生年月日をチェックする

あなたが今、**想像している以上に、生まれた日、お誕生日には、「潜在意識」からのメッセージがギッシリ詰まっています。それを活かすも殺すも、あなた次第。**

私がまとめた「はづき数秘術」は、西暦の生年月日の「数字」を使って診断する、極めてシンプルなものですが、この智慧を学んで人生に活用するのと、知らないまま過ごすのとでは、人生の質が180度、変わってしまうといっても過言ではありません。次にまとめたように、「生まれた日」を9つのグループに分けた情報だけでも、これだけのことがわかります。ぜひ、参考にしてみてください。

●**みんなの中心「リーダー」グループ**（1日、10日、19日、28日生まれ）

生まれながらにリーダーとしての大きな器をもち、どこにいても自然と目立ってし

まう、強いオーラを発しています。多くの人の先頭に立ち、道を切り拓く力がありま
す。自分の意見、目標が明確で、一番、オリジナルにこだわりがあります。

●陰から支える「サポーター」グループ（2日、11日、20日、29日生まれ）

誰にでも合わせることができ、人当たりがよく、愛され上手。陰でサポート役を担うほうを好みます。自分の意見に固執せず、相手に合わせて変化する協調性の高さがあります。鋭い直感力を活かしたプロデュース業やアート系の才能も。

●無邪気な「子ども」グループ（3日、12日、21日、30日生まれ）

いくつになっても若々しく、好奇心旺盛で、活動的。興味のあることには、抜群の集中力を発揮します。素直な性格で、人なつっこい笑顔が特徴。常に笑いや遊びの中心にいるエンターティナー。自由な発想で、周囲をアッと驚かせることも。

●真面目で誠実な「堅実家」グループ（4日、13日、22日、31日生まれ）

正直でウソはつけない性格。人を疑うことを知らず、約束やルールはキチンと守り、

誰からも頼りにされる安心感のある人柄の良さが特徴。地味な仕事もコツコツと着実にこなす堅実家。お金にも強い倹約家。勉強好きで資格マニアの一面も。

●行動力抜群の「自由人」グループ（5日、14日、23日生まれ）

コミュニケーション能力に優れ、顔の広さは抜群。フットワークの軽さと人当たりの良さで、人気者になる才能があります。流行に敏感で、オシャレのセンスもあり、なんでも器用にこなします。即断即決できる、環境適応能力の高さが特徴。

●弱者の味方！　面倒見のいい「先生」グループ（6日、15日、24日生まれ）

弱いもの、目下のものに対する面倒見がよく、他人に何かを教えたり、分け与えることが大好き。誰に対しても親切で優しく、温かい人柄で周りの人から愛されます。情に篤く、強い正義感の持ち主。美的センスにも優れています。

●自らのスタイルにこだわる「職人」グループ（7日、16日、25日生まれ）

早くから大人の雰囲気を身に付けており、大勢で群れることを好まないクールな一匹狼。人と違う道を行きたがる天邪鬼なタイプ。常に高い理想を追い求め、ストイックに努力する、自分に厳しい完璧主義者。探求心が旺盛で、凝り性な性格。

●常にチャレンジ！　熱血「ファイター」グループ（8日、17日、26日生まれ）

負けず嫌いのファイター。華やかなオーラを身にまとい、その場を明るくするエネルギーを持つ。人やお金など「豊かさ」を引き寄せる強い金運パワーで、巻き込み力は抜群。敵味方をはっきり区別し、仲間になると面倒見のいい熱血キャプテンタイプ。

●常に周りの空気を読む「優等生」グループ（9日、18日、27日生まれ）

自分のことは後回しにしても、常に全体のことを優先して行動・発言できる、大人の優等生タイプ。穏やかで平和的。勉強好きでアタマのよい「まとめ役」です。静かなカリスマ性を持ち、多くの人から慕われる不思議な魅力の持ち主です。

こうした情報を、「潜在意識」からのメッセージとして、人生にどう活用していくのかという態度が、本当に望む思考を現実化するためには、何より重要なのです。

3 自分のルーツをチェックする

「潜在意識」からのメッセージに気づくためのヒント。３つ目は、「ルーツ」です。あなたのご両親、祖父母、ご先祖様の系譜をたどってみましょう。

私たちはたまたま、その両親の元に生まれてきたように思っていますが、実はそうではありません。思春期の頃、母親に対して「産んでくれと、頼んだ覚えはない」と悪態をついてしまった方もおられるかもしれませんが、それは「潜在意識」的にみれば、明らかに間違い。生まれる前の私たちの「潜在意識」が、あなたの両親の「潜在意識」に働きかけて、「あなたの子どもとして、誕生させてください」とお願いした結果、この世に生まれてこられたといっても決して過言ではないのです。

当然、あなたの両親がどんな人で、どんなふうに育てられ、あなたのことをどんなふうに育てるのかも、ある程度、わかった上で、あなたはあなたの両親を選んで生まれてきたのです。ですから、両親のこと、祖父母のこと、ご先祖様のことを調べてみると、「なぜ今、こんなことをしているのか」「自分の生き方の原因や理由」「今生で自分がすべきこと」が読み解けるようになるかもしれません。

女性なら、その生き方や恋愛、家庭生活、子育ての面では、母方の祖母の生き方を参考にするとよいでしょう。

男性の場合は、生き方全般、特に仕事面では、父方の祖父の生き方を調べてみると、面白いかもしれません。

一般的に子どもは、自分の同性の親を反面教師として、親の生き方とは正反対の生き方を志向する傾向があります。親が厳格だと、子どもは反発して、グレることが多くなり、親がだらしないと、子どもはしっかり者に育つというようなことです。

ということは、あなたのご両親も、自分の親とは正反対の生き方をしている可能性が高いワケで、もし、あなたが「真面目」タイプであれば、親は正反対の「いい加減」タイプ。そして、その親である祖父母は、あなたの親の反対となる「真面目」タイプになりがちです。

つまり、あなたと祖父母。特に同性の親の、さらに同性の親。女性なら、母方の祖母であり、男性なら、父方の祖父と似たところが出やすい傾向があるといえます。

ご両親が健在であれば、ご両親から見た祖父母の様子、人となりや人生、生き方について聞いてみると、あなた自身の生き方の、大いに参考になると思います。

今のあなたと、祖父母の生き方は、時代は違えど、かなり似ているかもしれません。あなたの祖父母が何を考え、何を目指し、どんな生き方をしてきたのか。貧乏だったのか、お金持ちだったのか。兄弟姉妹や家族構成はどうか。どこで生まれて、どんな仕事をして、結婚相手とはどんな形で出会い、どんなふうに亡くなったのか。

そうしたことがわかれば、それはあなたの「潜在意識」からのメッセージとして、今生のあなたの生き方のお手本、サンプルになるかもしれません。

もちろん、これは祖父母に限った話ではなく、ご両親にもいえること。ご両親の生き方、考え方はストレートに、あなたの生き方、考え方に多大な影響を与えていることは間違いないでしょう。ただし、ご両親の場合は、「顕在意識」では、あくまであなたの親なので、子どもに対しては、なかなか本音が出てこないので、そこは要注意。

そういう意味でも、ひとつ世代の離れた祖父母の生き方は、きっと参考になるハズです。もちろん、そこからルーツをたどって、**ご先祖様の生き方や人生が解明できるようになると、「今生、あなたがすべきこと」が、より明確になってくる**ハズ。

これはまさに、あなたの「潜在意識」の中にある、「個人の潜在意識（記憶）」からのメッセージにほかなりません。あなたの「ルーツ」をたどっていく内に、ひょっとすると、あなたの「前世や過去生」の記憶が蘇ってくるかもしれませんよ。

もちろん、ご先祖様のルーツを調べるときは、お墓参りも忘れずに……。

4 今、置かれている環境をチェックする

あなたが今、置かれている環境は、あなたの才能のひとつです！

今、あなたが「お金がなくて、働かないといけない」という環境に置かれているとしたら、それは「働いて稼ぐ」という才能を与えられているから。あるいは、あなたの「潜在意識」が、「働いて稼ぐ」という才能を選び取った結果かもしれません。

逆に今、あなたが「あくせく働かなくてもいい」という環境に置かれているとしたら、それは「お金のために仕事するのではなく、本当にしたいことをする」という才能を与えられているから。あるいは、あなたの「潜在意識」が、「本当にしたいことをする」という才能を選び取った結果かもしれません。

あなたが置かれている環境とは、あなたを取り巻く、すべての環境のこと。
それは今、暮している場所はもちろん、家の間取りや広さ、大きさ。賃貸か持ち家か。ローンのある・なしなども含まれます。一緒に暮している家族構成や両親や子どもの状態、兄弟姉妹や親せきとの関係性も、才能のひとつです。さらに、あなたが今勤めている会社やあなたのポスト、お給料や仕事内容、趣味や健康状態、財産やもち物を取り巻く環境もすべて、あなたがもっている才能に他なりません。

そんなふうに考えていくと、あなたの外見、体形や容姿も、重要な才能のひとつにほかなりません。背が高い人は、背が高いことを活かせば、才能になるでしょうし、太っているとか、声がいいとか、目が大きいなどの身体的特徴も、それを活かして伸ばしていけば、立派な才能になることでしょう。

そもそも外見は、あなたの一番外側に表れた中身、本質に他なりません。
つまり、**あなたの外見、見た目、体形や容姿に、あなたの中身、「潜在意識」から**

のメッセージが、はっきり表れているといえるのです。

ですから、あなたが置かれている環境を「顕在意識」で、単純に「良い・悪い」と価値判断しないことが大切です。自分の外見や容姿を否定したり、ダメ出しすることは、自分の「潜在意識」の存在を否定することにつながるので、要注意。

「太っている」＝「悪い」。「痩せている」＝「良い」という「顕在意識」の判断、決めつけ、損得勘定が、「潜在意識」とのつながりを分断してしまうことになるのです。

あなたが今、置かれている環境こそ、今のあなたにとって必要な、ベストの環境であり、あなたの「潜在意識」がチョイスした、最適の才能に他なりません。

あなたを取り巻くすべての環境は、偶然やたまたま、そうなっているのではありません。そこに気づけるかどうかが、「潜在意識」とつながれるかどうか、「潜在意識」からのメッセージを受け取れるかどうかの、大きな分かれ道になるのです。

今、あなたが置かれている環境を冷静かつ客観的にチェックしてみましょう。

他人と比べて、何か変わっているところ、違う部分や特徴を挙げてみましょう。自分でわかりにくければ、自分のことを他人にインタビューしてみるのもいいでしょう。**「良い・悪い」をつけずに、とにかく、今の自分をできるだけ客観的に棚卸ししてみることです。一見、ネガティブな環境の中にも、ちゃんと才能の種は埋まっているの**で、些細なことでも見逃さず、「こんなこと当たり前」「誰でもできる」「役に立たない」「普通、平凡」と切り捨ててしまわないこと。

あなたの「潜在意識」は、あなたにしかできないこと、あなたが今生で本当にすべきことをやり遂げるために、ちゃんと準備を整え、それに相応しい環境を用意してくれているのです。それが今、あなたに与えられている環境という名の才能です。

環境という名の才能を活かすも殺すも、あなた次第。

あなたの「潜在意識」からのメッセージは、あなたが今、置かれている環境の細部に宿っているのです。

5

過去の経験をチェックする

私たちは、この世界に「体験」を味わいに来ています。

「さまざまな体験を味わうこと」にこそ、「潜在意識」の目的があると、私は考えています。

ですから、過去の体験をひもといてみると、そこには必ず、あなたの「潜在意識」からのメッセージが隠されているハズです。

私たちが過去に経験したことで、意味のないもの、無駄なもの、くだらないもの、取るに足らないもの、必要のない経験など、ひとつもありません。

そうやって、損得勘定で過去の経験を判断するのは、「顕在意識」であって、「潜在意識」の見方は全く違うということを覚えておいてください。

「潜在意識」にとって、あなたが味わう経験こそ、最高のご褒美であり、報酬、ギフト。経験が増えることこそ、「潜在意識」が最も望むことなのです。

あなたが味わった経験は、あなたしか味わえないものです。同じ経験をしても、誰もが同じ感情を味わうワケではありません。

同じ映画を観ても、感想は人それぞれ。同じコンサートに出かけて、同じ空間で同じ音楽を聞いても、やっぱり、感じ方は人それぞれ。

仮に同じ両親の元、同じ環境で、同じように育てられた双子だとしても、全く同じ感情を味わうワケではありません。

つまり、「体験＝感情」です。そのとき、あなたが何を感じ、どんな感情を味わったのかが、とても重要で、そこに「体験を味わう」意味や目的があるのです。

ここで過去の経験について、少し振り返ってみましょう。

物心ついた、幼い子どもの頃のことで、覚えていることはありますか？

その頃、あなたはどんな家で暮らしていましたか？　ご両親はどんな暮らしぶりだったでしょうか？　祖父母や兄弟姉妹はいましたか？　どんな遊びをしていましたか？　食べ物の好き、嫌いはありましたか？　今でも思い出す、印象に残っているシーンはありますか？

同様に、幼稚園の頃や小学生の頃、中学時代、高校時代、大学時代や青春時代の頃、どんなふうに過ごしていたかを思い出してみましょう。

もちろん、良い思い出ばかりではなく、辛い体験、悲しい体験、苦しかった体験もあるでしょう。それがトラウマとなって、今の生活にネガティブな影響を与えていることもあるかもしれません。しかし、そうしたネガティブな体験にこそ、「潜在意識」からのメッセージが隠れている場合が多いので、ぜひチェックしてみましょう。

そうしたネガティブな体験から学んだこと、気づいたことはありませんか？　その体験を通じて、味わったネガティブ感情が、今に活かされていることはないでしょうか？　もし、その**過去の体験がトラウマになるほど、辛いものだとしたら、まさに「そこ」に、「潜在意識」からのメッセージが隠れている可能性は大。**

トラウマになるほど、インパクトの強い体験を味わったということは、「潜在意識」からのメッセージに他なりません。あなたの「潜在意識」が、自らの意志で、その体験を選び取ったといってもいいでしょう。

もちろん、それを受け入れることは、苦しいことかもしれません。しかし、本書をこうして読んでいるということは、まさに今、それを受け入れるタイミングが訪れているという証。それが「潜在意識」からのメッセージだとしたら……。

まさにピンチは、チャンス！　人生において、大きなピンチの裏側には、それ以上の大きなチャンスが隠されているのです。

あなたが味わったネガティブな体験、そのとき味わった**ネガティブな感情を自ら認め、許し、癒し、受け入れ、自分以外の第三者に自己開示し、素直に表現するとき、あなたの「潜在意識」の扉が大きく開かれ、「潜在意識」の無限のパワーが解放される**ことになるのです。

6
お金の使い方をチェックする

お金はまさに、私たちの思考が現実化されたもの。
目に見えない意識や思考というエネルギーを、紙幣やコインという目に見える形に表したものが、現代のお金そのものです。

現代のお金は、それ自体には、ほとんど価値はありません。1万円札を印刷するコストは、おおよそ20円ほど。私たちの意識が1枚20円ほどの、キレイに印刷された紙切れに1万円という価値をつけ、1万円分のエネルギーを与えているのです。

それだけに、お金の使い方については、その人の思考や思い、さらにもっと深い部分にある「潜在意識」の在り方が色濃く表れることになるのは避けられません。

「あなたのお金」＝「あなたのエネルギー」であり、「あなたが何に価値をおき、何にエネルギーを注いでいるのかを見極めるバロメーター」です。

ですから、あなたが今まで、お金のエネルギーを注いだもの、いちばんお金を費やしたコトやモノを見極めていくと、そこにあなたの「潜在意識」からのメッセージが隠れていることは、まず間違いないでしょう。

今ここで、今までの人生を振り返ってみて、あなたがいちばん、お金を費やしてきたコトやモノはなんだったのかを想い出してみましょう。

金額でいえば、たぶん賃貸を含めた不動産に対する投資、家を借りたり、建てたりするのに、いちばんお金がかかっているかもしれませんが、金額だけで判断するのではなく、お金を使った「回数」や「質」も重要な要素なので、その辺りも加味して、自分が今までの人生で、最もお金のエネルギーをつぎ込んだコトやモノは何なのかを、自分なりに探るべく、「お金の棚卸し」にチャレンジしてみましょう。

たとえば、それは洋服やファッションでしょうか？　もし、洋服やファッションにお金を費やしているとすれば、さらにその中身を絞り込んでいきましょう。

それはどんな洋服やファッションですか？　ブランドもの？　テイストは？　素材は？　色や柄は？　その中でも、特にこだわっているアイテムはありますか？　アクセサリーに目がないとか、靴やバッグが異常に多いとか、時計や帽子をコレクションしているとか……。

旅行やグルメにお金をかけている方もいれば、趣味の分野でのコレクションにハマったり、ゴルフなどのスポーツ系の趣味に大金をつぎ込んでいる方もおられるかもしれません。あるいは資格好きで、資格を習得するための勉強や学校、セミナーに、たくさんお金を使っているという方もおられるでしょう。

男性の場合は、車や時計にお金を使う方が多いようですが、いちばんお金を使っている対象は、「女性」そのものかもしれませんね（笑）。女性の場合は自分を美しく見せるための美容関連だったり、お家の中のインテリアや食器に凝る方もいれば、お子さんの教育に、いちばんお金をかけているという方もおられるでしょう。

モノにお金を使っている方は、モノの奥にあるコトの部分に注目してみましょう。ファッションにいちばん、お金をかけているとすれば、その最終目的は「自分が美しくなること」なのか、「コーディネイトを楽しむこと」なのか、「ゴージャス感を味わうこと」なのか、「目立つ、注目される、モテること」なのかがわかると、さらに「潜在意識」とつながりやすくなります。

いずれにしても、「お金＝エネルギー」ですから、**あなたが、お金というエネルギーを注いでいるということは、「そこに、その周辺、その奥にあなたの才能が眠っている」という「潜在意識」からのメッセージ**、そのものなのです。

この世で生きていくために、いちばん大事なお金というエネルギーを何に使うのか、どんなふうに使っているのかを見極めることは、自分の「潜在意識」が何を求め、何を重視しているのかに気づくための、最もわかりやすいヒントになるハズです。

7 時間の使い方をチェックする

「時は金なり（Time is Money）」という言葉があります。

どんなに大金持ちの人でも、時間を買うことはできません。生きている限り、誰にとっても1日24時間は平等に与えられていますから、ある意味、時間はお金よりも、貴重な財産だといえるかもしれません。

その貴重な財産、お金よりも大事な時間。この時間というものも、また目で見ることはできません。時間は時計で確認できますが、それは時計を見ているだけで、時間そのものは見えません。つまり、時間も「目に見えないエネルギー」なのです。

その時間という目に見えないエネルギーをどんなふうに使っているのかで、あなたの「潜在意識」が浮かび上がってくることになるのです。

ここでも、お金と同様、あなたの時間の使い方を棚卸ししてみましょう。

生まれてから今まで、いちばん時間を費やしたコトはなんですか？　いわゆる、「寝る」「食べる」などの生活時間以外で、最も積極的に時間を使ったのは、どんなコトだったでしょうか？

学生時代なら、クラブ活動に費やした時間が、いちばん長かったかもしれませんね。あるいは、帰宅部でずーっとゲームばかり、やっていた方もおられるかもしれません。お友達と話している、あるいは電話やメールなどで、コミュニケーションしていた時間が、いちばん長いという方もおられるでしょう。

就職すると、仕事の時間が1日の大半を占めることになると思いますが、その中でどんな仕事をしている時間がいちばん長い、あるいは長かったでしょうか？

これは物理的な時間の長さと、感覚的な時間の長さ、両方でチェックしていきましょう。**物理的な時間の長さより、感覚的な時間の長さのほうが短く感じるお仕事は、**

「そこ」あるいは「その周辺」に、あなたの才能がある可能性大。

逆に物理的な時間の長さより、感覚的な時間の長さのほうが長く感じられるお仕事は、その仕事自体、あるいはその職場が、今のあなたに合っていないか、あなたの才能が活かされない仕事である可能性が大きいといえるでしょう。

私たちは誰もが同じ時間を生きていると思っていますが、そうではありません。

10歳の子どもにとっての1年は、人生全体の1／10。10％の時間を占めていますが、50歳の大人にとっての1年は、人生全体の1／50。2％の時間に過ぎません。つまり、同じ1年でも、10歳の子どもと50歳の大人とでは、その密度は5倍も違うのです。50歳の大人のほうが、1年経つのが早く感じられるのは当然で、年齢と共に、時間が過ぎるのが早く感じるのは、決して気のせいではありません。

また同じ1時間でも、楽しい時間は早く経ち、つまらない時間は長く感じます。

1時間が、アッという間だったと感じられる場合、その分、感覚的な時間は経過していないのと同じ。1時間が5分くらいに感じられた場合、それは5分間しか、時間エネルギーを消費していないのと同じですから、人生で楽しい時間を過ごしている人ほど、物理的にも年を取らない、取りにくいということになるのです。

いずれにしても、あなたの人生で、どんなことに時間を費やすのかを決める決定権は、あなたにあります。その選択権を「顕在意識」に任せてしまうのか、それとも「潜在意識」に委ねるのかによって、あなたの時間感覚は、全く違うものになってしまうことは避けられません。

「何時間やっても、ちっとも疲れない。何日でも、ワクワクやり続けられる」。そんなふうに時間のエネルギーを費やせるコトに出会えた人は、間違いなく幸せで、きっといつまでも若々しく、年を取らないことでしょう。

それを教えてくれるのが、あなたの「潜在意識」です。そこに至るヒントは、あなたが今まで、費やしてきた時間の中に必ずあります。

8

好きをチェックする

「4　今、置かれている環境をチェックする」の項目で、「環境は才能である」と書きましたが、あなたの才能の在りかを教えてくれる、「潜在意識」からのより強力なメッセージが、「好きという感情・ワクワク感」です。

結局、お金も、時間もエネルギーです。「宇宙の法則」でみたとおり、エネルギーには「磁石の法則」が適用されます。ネガティブなエネルギーがくっついたお金や時間の使い方をしていれば、引き寄せられてくるのは、当然、ネガティブな現象。

ポジティブな現象を現実化したい、引き寄せたいと思うのなら、ポジティブなエネルギーと共に、お金や時間を使うことが、必須条件になるのは当然でしょう。

ポジティブなエネルギーとして、最もシンプルで、わかりやすいのが、「好きという感情・ワクワク感」です。あなたの中の深い部分、「潜在意識」の中に眠っている、「好きという感情・ワクワク感」にたどり着ければ、まさに無限に湧き出る宇宙のエネルギーの源泉を掘り当てたように、尽きることのないエネルギーが自分の内側から湧き上り、望むものすべてを自由自在に引き寄せられることでしょう。

そのとき、あなたの思考、思い、意識はすでに実現していたことを、はっきり実感できるハズです。それぐらい、あなたの中にある「好きという感情・ワクワク感」は、パワフルなエネルギーなのです。

しかし、ここでも私たちの「顕在意識」は、私たちが「潜在意識」とつながることを邪魔しようとします。私たちが「潜在意識」と直接つながってしまうと、「顕在意識」は、自分は用済みになってしまうのではないかと恐れているのです。

ですから、「顕在意識」は本当は好きでもないことを、好きだと思い込まそうとしたり、ワクワク感を単なる中毒症状にすり替えたり、一時的な興奮状態で誤魔化そうとしたりするのです。

「潜在意識」が教えてくれる、本当の「好きという感情・ワクワク感」と、「顕在意識」が用意した、そうした「好きモドキ」や「カンフル剤的なワクワク中毒」の罠にハマらないように注意しましょう。

本当の「好き」には、理由がありません。言い換えれば、**「理由」がつく「好き」は、本当の「好き」ではなく、その「理由」のほうが好き**なのです。

「イケメンだから好き」「お金持ちだから結婚する」「日頃のストレスが解消できるから、買い物が好き、ワクワクする」などは、どれも本当の「好き・ワクワク感」とは違います。これらは、「イケメン」や「お金持ち」「ストレス解消できる」という「理由」のほうに惹かれているだけで、その「理由」がなくなったり、変化してしまえば、「好き」や「ワクワク感」も消えてしまうことでしょう。

「潜在意識」とつながった状態で生まれる「好き・ワクワク感」は、もっと静かで、もっと永続的なエネルギーです。そのコトをいつまでも、ずっと考えていられる。

考えているだけで、幸せでやさしい気持ちになる。そのコトがワケもなく好き。なんとなく惹かれる。何時間、何日、何年、やっても飽きないし、時間を忘れて夢中になれる。その好きなコトなら、淡々とずっとやり続けられる……。

そういうコトが、あなたの「潜在意識」が教えてくれる、本当の「好き・ワクワク感」だといえるでしょう。

あなたがこれまで、「好き」というエネルギーを注いできたモノやコトはなんですか？　どうして、あなたはそのモノやコトが、好きなのでしょう。

まずは「好き」の理由を考えてみましょう。「理由」が出てきたら、そのモノやコト自体が好きなのか、それとも「理由」のほうに惹かれていたのかを見つめてみましょう。仮に、その「理由」がなくなっても、「やっぱり好き！」といえるかどうか。

あなたの「好き」は、立派な才能。「潜在意識」からのギフト、プレゼントです。

あなたは自らの人生において、「好き」を現実化しないで、一体何を現実化するつもりでしょうか？

9 習慣をチェックする

私たちの「潜在意識」は日常のあらゆる場所、時間、場面で、手を変え、品を変え、私たちに気づきのメッセージを送ってくれています。

私たちが「潜在意識」からのメッセージを受け取るためには、日常の忙しさを言い訳にせず、1日の内、ほんの少しの時間でよいので立ち止まり、静かな時間をもつ勇気があればいいのです。

そういう意味では、あなたが日常、何気なくしている行動、つまり「習慣」を冷静にチェックしてみれば、自らの「潜在意識」とどれぐらい、つながっているのか。「潜在意識」を意識した生活しているかどうかも、すぐにわかります。

自分の「習慣」を振り返るためには、無意識の行動を意識化することが必要です。

そのためには、ひとつひとつの動作をゆっくりすること。普段の行動をできるだけ、ゆっくりすると、それだけで無意識の行動を意識化することが可能になります。

「ゆっくり呼吸をする（＝深呼吸する）」「ゆっくり歩く」「動作をゆっくり」「ゆっくり話す」「ゆっくり書く」「ゆっくり食べる」「ゆっくり眠る」などなど。

目につくところに、「ゆっくり」という付箋でも貼って、トイレに座るときも、水を飲むときも、服を着替えるときも、「ゆっくり」を意識してみましょう。

日常の行動、動作を意識的にゆっくりするだけで、自分が普段、いかに無意識に、何も考えず、習慣的に行動しているのかに気づくでしょう。と同時に、私たちの「顕在意識」は、すべてのことをいかに「早く済ませられるか」という視点で、行動をコントロールしているのかということもわかるでしょう。

この「早いことは良いこと」「早いことに価値がある」「遅いものはダメ」という思考、考えこそ、「潜在意識」とのつながりを遮断してしまう、「顕在意識」の罠だといっても過言ではありません。

生まれつきの習慣などというものは、ほぼありません。習慣は生まれたあと、後天的な学習によって身につけた、パターン化された動作、行動です。

後天的な学習によって、身につけたものですから、それはまた別の学習によって、新しい習慣を身につけることも難しいことではありません。

人間は習慣の生き物です。習慣によって、その人の人生が支配されています。

どれだけ「いい思考」をもっていたとしても、それに見合う「いい習慣」がなければ、その「いい思考」も、単なる絵に描いた餅。現実化することはありません。

「悪い習慣」を止めようと努力するより、「潜在意識」とつながりやすくなる、新しい「いい習慣」を身につけるよう、意識するほうが効果的です。無意識に出てしまう

「悪い習慣」の上に、別の新しい習慣を上書きするようなイメージです。

「現象の樹」のモデルでみたとおり、習慣は「動作・行動」ですから、「結果・現象」にいちばん近い位置にあるので、習慣が変わることは、「結果・現象」に直結します。つまり、成果が早く出る代わり、元に戻るのも早いといえます。

そう……、ここでも「早い」ということが、キーワード。習慣を変えることで、成果を早く求めようとすると、「顕在意識」の罠にハマるだけ。

長い時間をかけて、身につけた習慣を変えていくのは、そんなに簡単なことではありません。ここは結果を急がず、ある程度、ゆっくり時間をかけましょう。

シンプルに「良い」と思った「習慣」はすぐに取り入れ、「悪い」と感じた「習慣」は手放すこと。新しい習慣をひとつ身につけると、古い習慣がひとつ消えていくようなイメージで、習慣のチェック、見直しにゆっくり取り組んでみましょう。

10

言葉をチェックする

私たちは良い・悪いに関係なく、自分が口にした言葉通りの人生を送っています。

そういう意味では、私たちの「思考が現実化する」のではなく、私たちが「自分の口から発した言葉が現実をつくっている」といえます。


この3次元は、形のある世界。この地球は、目に見える「現象」の星。

ですから、いくらあなたが「いい思考」をしても、その「いい思考」を言葉にして、行動に移さなければ、その「いい思考」が現象化することはありません。


この世界では、思考より言葉のほうが、現象化のパワーが強いのです。

あなたがアタマの中で、目の前の相手に感謝の気持ちを抱いていても、言葉にして、相手に「ばかやろう」と伝えれば、やはり相手はムッとするでしょう。

逆に相手のことを心の中ではバカにしていても、丁寧に「ありがとうございます」と伝えれば、相手はニッコリしてくれるハズ。

この言葉に対する相手の反応、「ムッとする」と「ニッコリ」こそ、この世で現象化するという結果、そのものです。

あなたが**自分の思考を本気で現実化させたいと思うのなら、その思考を言葉にして、発すること**です。ことあるごとに自分に言い聞かせるのもいいでしょうし、第三者に対して、熱く語るのもよいでしょう。それが間違いなく、あなたの思考を現実化させるための近道になるのです。

自らの無意識の思考を、自分で確認することはできません。しかし、自分の口から出る言葉は、自分で確認することが可能です。ネガティブな言葉ばかりを発していて、ポジティブな現象を引き寄せようというのは、無理があります。それはリンゴの種を植えておいて、ミカンが実ることを期待しているようなもの。

残念ながら、そんな都合のよい話が、この世で成り立つことはありません。

今、あなたが置かれている環境、あなたの状態は、過去、あなたが口にして来た言葉が現象化したものに他なりません。今の環境、状態を本気で変えていきたいと思うのなら、あなたの言葉を変えるしかありません。

あなたの言葉を変えるためには、今、自分が普段、どんな言葉を話しているのかをチェックすること。これに勝るアプローチはないと、私は確信しています。

実は私も以前、自分がどんな言葉を発しているのかを確認するため、ボイスレコーダーで1日中、自分の話し言葉を録音したことがあります。

普通に朝起きて、ご飯を食べて、仕事に出かけ、ミーティングや打ち合わせをしたりして、夜、家に帰って来て、食事をして寝るまでの時間、ずっと録音したことがあるのですが、その音源を聴いて、心底、ビックリしました。

当時から自分でも、ネガティブな言葉は使わないよう、意識していたつもりなのですが、口をついて出てくる言葉は、ネガティブワードのオンパレード。
「無理」「ダメ」「違う」「ない」「疲れた」「しんどい」「まいった」「わからない」「早く」「負け」「損」「マズイ」「ウソ」「めんどくさい」「どうする」「違う」などなど。

よく聴いてみると、会話のほとんどが、こうしてネガティブワードで占められており、自分の口から出る言葉が、こんなにもネガティブに偏っていたことを、改めて思い知らされる結果に愕然としました。

それからです。私が本気で、自分の口から出る言葉に気をつけ、「ありがとうございます」や、ポジティブなアファメーション（肯定的宣言）を毎日、口ぐせのように唱えるようになったのは……。お陰で今は、自分の「潜在意識」とつながって、ポジティブな思考を想い通りに実現できるようになりました。

あなたも本気で、自らの「潜在意識」とつながりたいと思うのなら、まずは自分の口から出るネガティブな言葉をチェックすること。これぞ、成功への第一歩です。

エクササイズ

砂漠を旅する動物のワーク

この章でみてきたとおり、私たちの「潜在意識」は至る所で、さまざまな形で、私たちに大切なメッセージを送り続けてくれています。

要はその「潜在意識」からのメッセージに、私たちが気づけるかどうかにかかっているのです。

それではここで、あなたの「潜在意識」の声を聴くために、簡単な心理テストにトライしてみましょう。難しいテストではないので、遊び感覚で、楽しみながら、取り組んでみてください。

ワークの手順

あなたは今、ひとりで砂漠を旅しているとイメージしてみてください。
その旅のお伴として、次の６つの動物、「象」「牛」「馬」「羊」「ライオン」「サル」を連れています。どの動物も、あなたにとっては大切な仲間なのですが、砂漠を旅する内、食料や水が少なくなってきたため、６つの動物を一緒に連れていくことがだんだんと困難になってきて、動物たちを手放さざるを得ない状況になってしまいました。

さて、そこで、あなたはどの動物から手放していきますか？
手放す順番と、どうしてその動物を手放すのか、あるいは手放さないのかの理由も合わせて、書いてください。

手放す順番　動　物　　　　理　由
1（　　　）（　　　　　　　　）
2（　　　）（　　　　　　　　）

3（　　）（　　）
4（　　）（　　）
5（　　）（　　）
6（　　）（　　）

このテストで何がわかるかといえば、あなたが人生で大切にするものの優先順位がわかります。それぞれの動物は、あなたの人生にとって、どれも重要なモノ・コト・ヒトを象徴しています。それぞれの動物が、深層心理で何を象徴しているのか、なんとなくイメージできるでしょうか？

それでは「答え」です。

6つの動物は、それぞれ以下のものを象徴すると見なします。

「象＝親」「牛＝お金」「馬＝仕事」「羊＝パートナー」「ライオン＝プライド・自信」「サル＝子ども」

どの動物を何番目に手放したのかも重要ですが、その理由がより大切です。

さらに大別すると、1~3は「自分の人生に不要と見なしているグループ」であり、4~6は「必要であり、有効と見なしているグループ」であると判断します。

この「答え」をふまえた上で、ぜひもう一度、自分で書いた理由をよく眺めてみてください。そこにあなたの深層心理、「潜在意識」からのメッセージが隠されています。


いかがでしょうか？　簡単なテストですが、意外に深層心理が、よく表れていると思いませんか？

このテストはお友達や職場の同僚など、数人のグループでやると、それぞれの個性がよく表れるので、盛り上がります。パートナーがおられる場合は、ドキドキしながら、トライしてみるのも良いでしょう。


右記の6つは人生において、どれも大切にしたいものですが、あなたの

「潜在意識」の中では、ちゃんと優先順位がついているのです。

こうした形で、あなたにメッセージを伝えてくれている「潜在意識」の声を受け入れ、認めるかどうかは、あなたの「顕在意識」次第です。

第4章

自らの潜在意識を飼い馴らす

潜在意識を飼い馴らす方法

さて、この章ではいよいよ、具体的な「潜在意識」とのつながり方について、ご紹介していきます。

ここまで見てきたとおり、あなたの「潜在意識」は、あなたが生まれてから今日まですっと、いろいろな形で、あなたに語りかけてくれていました。

しかし、あなたの「顕在意識」は日々、考えることに忙し過ぎて、「潜在意識」からの声に耳を傾けない、聞く耳をもたない、ずっと無視し続けていたことに、あなたが本当に望む「思考が現実化しない」原因があったのです。

「潜在意識」は、あなたの心の奥のほうにあるものです。特に「宇宙とつながる超意識」などは、心の奥のさらに奥。ずっとずっと深い部分に潜んでいるので、最初は

「その声」に気づくのは難しく感じるかもしれません。

しかし、ほんのちょっとしたコツさえつかめば、誰もが自分の「潜在意識」の声や、「潜在意識」のさらに奥のほうにある「宇宙とつながる超意識」からのメッセージを受け取れるようになります。


「潜在意識」や「超意識」とつながるコツは、ジャッジしないこと。急いで成果を求めたり、「良い・悪い」「正しい・間違い」「損得」だけで判断しないことです。

そうした二元論的な判断は、すべて「顕在意識」の仕事ですから、ジャッジしたくなったら、「まぁ、いいか〜」とつぶやいてみてください。すると、また「潜在意識」とのつながりが取り戻せるハズですから……。


いずれにしても、「潜在意識」とのつながりを面白がることが大切です。

がんばったり、努力したり、必死になってはいけません。意味を考えたり、正解を求めようとしてもいけません。一生懸命、真面目にやるのは、NGです。

「潜在意識とつながるんだ！」「潜在意識の声を聴けるようになるぞ！」「潜在意識を飼い馴らすぞ！」と意気込んでもいけません。

意気込めば意気込むほど、成果が早く欲しくなりますし、期待した成果が出ないと、ガッカリします。それではまた、「顕在意識」の思うツボ。

「顕在意識」が自らの「肉体」「エゴ・自我」を守るために、「そんなくだらないこと、やめておけ」と説得する材料を与えるようなものなので、要注意です。

何より大事なことは、リラックス。余裕とゆとりが、「潜在意識」とつながるキーワード。少し、ちゃらんぽらんなぐらいで、ちょうどいいのです。

力を抜いて、「まぁ、こんなモンか……」という気持ちで、以下で紹介する「潜在意識の飼い馴らし方」に取り組んでみてください。すべてをキチンとやろうとしなくてもかまいません。三日坊主でもかまいませんし、ピンとこないものは、パスしてもらってもかまいません。

あなたのフィーリングで、気に入ったものを、気に入ったとき、お好みのスタイルで、日常に取りいれていただければ結構です。

そんなゆるい感じでも、こうした方法をしばらく続けていくうちに、きっと日常の中で、小さなラッキー、些細なツイてるが増えてくるハズです。

たとえば、「電車にタイミングよく間に合う」「乗り換えがスムーズ」「青信号が続く」「雨に濡れない」「お店に入るとタイミングよく、席が空いている」「ちょっとしたご褒美がもらえる」「勘が冴《さ》えてくる」などなど。

こうしたことが、日常で増えてくると、それが「潜在意識」とのつながりができてきたサインです。こうした**些細なラッキーを見逃さず、「私って、いい感じかも」と自分を褒めて、おだててやると、さらに「潜在意識」とつながりやすくなります。**

あなたが自分の「潜在意識」と仲良くなればなるほど、つながりが深くなればなるほど、あなたはさらにあなたらしく輝きを増して、より幸せな人生が加速してくることになるので、ぜひ、楽しみながら、トライしてみてください。

「なんとなく……」に従ってみる

私たちの「顕在意識」は、とにかく「損」をするのがイヤなのです。

これに対して、「潜在意識」は、自分や肉体よりも、もっと大きな存在に仕えています。自分も、もちろん大事ですが、同じように相手も大事、命も大事、地球も大事。自分だけではなく、宇宙全体、地球全体、命全体、人類全体、日本全体、周りの人たち全体が、少しでもよりよくなるといいな～と考えています。

ですから、当然、自分のことを最優先に考えている「顕在意識」と、意見が対立するケースがままあります。

そんなときは、コレ！「なんとなく……」に従ってみましょう。

「顕在意識」がジャッジする目先の損得勘定に従って生きていると、予想外のラッキーや思ってもいなかった奇蹟やサプライズに出会う確率も減少します。

まずは、人生に大きなダメージを負わないような分野でなら、できるだけ「なんとなく……」の感覚やフィーリングに判断を委ねてみましょう。


AとBという選択肢があって、損得勘定で考えると、Aのほうになるけど、「なんとなくBのほうが気になる」というときは、思い切ってBを選択してみましょう。

「なんとなく……」は、間違いなく「潜在意識」からのメッセージです。

ただ、「潜在意識」と「顕在意識」の判断基準は違うので、現実的な損得勘定で判断すると、「顕在意識」に軍配が上がることのほうが多いもの。

しかし、**人生にとって、本当に大事なものは、「なんとなく……」という「潜在意識」のメッセージに従った先にあるもの**なのです。

その「潜在意識」からのメッセージである、「なんとなく……」の声を無視し続けていると、人生を左右するような、大事な場面。恋愛や結婚、就職や転職、お金や健康問題などの大きな岐路に立たされたとき、その「なんとなく……」の声、「潜在意識」からのメッセージが受け取れなくなってしまいます。

「顕在意識」は目先の損得勘定は得意ですが、長い人生全体や、もっと大きな家族や地域、社会全体のことはわかりません。目先の利益に走ったばかりに、もっと大きな大切なことを見失ってしまった経験が、あなたにもあるのではありませんか？

そのときは、「なんとなく……」の「潜在意識」の声を無視してしまっていたからかもしれません。

「なんとなく……」に従って、選んだことは、「なんとなく……」が答えです。それ以上でも、それ以下でもありません。

それより、損得勘定ではなく、「なんとなく……」で選んだ自分を、「よくやった！」と褒めてあげることが大切です。それをくり返していると、その「なんとなく……」の精度がどんどん上がって来て、「結果的にやっぱり、こっちがよかったね」となる確率も自然に上がってくるのです。

それが、あなたが本当に望む思考を現実化するコツ。

「潜在意識」からの答え、メッセージは、「なんとなく……」の中にあるのです。

思いつきやひらめきを行動に移す

「なんとなく……」のほうを選択してみたら、すかさず行動を起こしましょう。

「なんとなく……」に従うことと、その「なんとなく……」の思いつきやひらめきを行動に移すことは、ワンセットだと覚えておきましょう。

「なんとなく、こっちの店のほうが気になる」「なんとなく、あの人の顔が浮かんだ」「なんとなく、今日は○○の気分」「そうだ！　あの人に電話してみよう！」など。

なんとなく思いついたこと、なんとなくひらめいたことは、できるだけ、その場で行動に起こしてみることが大切です。食べ物のお店が浮かんだら、その場ですぐに予約の電話を入れてみましょう。フッと気になった人には、とりあえず電話してみるのもいいでしょう。

会社帰りに、「なんとなく、ちょっと寄り道してみようかな〜」と思って、フラッと本屋さんに寄ったら、偶然、昔の友人とばったり出会ったなどという経験は、きっと誰でもあることでしょう。

その小さな出会いが、人生を変える大きな出会いにつながらないと、誰がいえるでしょうか。もし、そのとき、「なんとなく……」の気持ちに従わず、その思いつきを行動に移さなかったら、今のあなたはなかったかもしれません。

人生とは、実はそうした「偶然」や「たまたま」の上に成り立っており、それを司り、コントロールしているのが、私たちの「潜在意識」なのです。

せっかく、「潜在意識」から「なんとなく……」のメッセージが降ってきているのに、あるいは、「！」というひらめきが湧き上がってきたのに、それを行動に移さないのは、「潜在意識」からの手紙を開封しないまま、ゴミ箱に捨ててしまっているのと同じこと。

それではいつまで経っても、あなたの元に「潜在意識」からの贈り物が届けられることはありません。

最初は些細なことでいいのです。「あの角を曲がってみようかな」とか、「久しぶりに、あの人にメールしてみよう」とか、そんなことでかまいません。

ここでも早急に結果を求めたり、損得勘定で「良い・悪い」をつけないこと。

もし、**相手に迷惑をかけたら、「ごめんなさい」と素直に謝ればいいだけ。思いつきを行動に起こすリスクは、せいぜい、それぐらいのこと**ですから。

この世は、現象の世界です。どんなにいいアイディア、創造的な考えでも、それを現実に表さないと、具体的な行動に移さないと、「絵に描いた餅」になるだけ。

それでは、あなたの「潜在意識」が、あなたのために用意してくれていた、素晴らしいギフトも無駄になるだけ。

「思いつきやひらめきは、行動に移してナンボ」だということを、お忘れなく。

「よかった」を探す

「なんとなく……」や思いつきを行動に移し始めたら、最初は必ず、「顕在意識」が抵抗します。「損した」「やらなきゃ、よかった」「恥ずかしい」「意味がない」「ムダだった」など、アタマで判断した結果をもって、あなたを説得しにかかるでしょう。

そこで簡単に「顕在意識」に白旗を掲げてしまっては、「潜在意識」とつながることはできません。ここは、もうひと踏ん張りです。

「顕在意識」に説得されそうになったときは、とりあえず、「よかった」を探してみましょう。**まずは実際に「よかった！」と口に出してみると、「よかった」に気づきやすくなる**ので、おススメです。

たとえば、なんとなくの思いつきで入った飲食店が、美味しくなかった場合。

「ホラ、みろ。いつものあの店に行っていたら、こんなことにはならなかったのに、時間もお金も損した」と、「顕在意識」がアタマの中で話し始めたら、まずは「よかった」と声に出してから、「よかった」探しを始めましょう。

「料理はイマイチだったけど、雰囲気やサービスはまあまあだから、よかった」「友達を連れてこなくて、よかった」「ひとりで入ったから、お店の中の雰囲気や、お料理もしっかり味わえて判断できたので、よかった」「空いていたから、ゆっくり考え事をしながら、食べられてよかった」「コスパを考えたら、いつものあのお店は、すごくがんばっていることが改めてわかって、よかった」「これでも、そこそこお客さんが入っているということは、この辺りはこういうお店が多いのかもしれないということがわかって、よかった」などなど。

一生懸命、考えてみると、結構、「よかった」は見つけられるものです。

そうやって、**「よかった探し」のクセがつけられるようになると、失敗が怖くなく**

なりますし、そもそも失敗自体がなくなります。これがとても重要なのです。

「潜在意識」にとって、「経験すること」「さまざまな経験をとおして、さまざまな感情を味わうこと」が目的なのです。つまり、「経験値が増えること」＝「目的達成・成功」です。そうやって、「潜在意識」の目的に適うことをやり続けていく先に、自分の本当にしたいこと、本当に望んでいた夢やビジョンの実現が待っているのです。

ですから、そうした経験は、決してダメなことでも、意味のないことでもなく、貴重な経験。「潜在意識」にとっては、むしろ願ったり、叶ったりの状態なのです。

そうやって、すべての体験の中から、「よかった」を見つけていく習慣をつけていくと、本当の「よかった」がドンドン増えていきます。

そのとき、あなたは自分の思考、想い、意識が加速度を増して、すごい勢いで実現していっていることを、きっと実感することになるハズです。

意識的にボーッとする

「心を亡くす」と書いて、「忙しい」。

「潜在意識」は心の奥の、さらに奥のほうに隠れているので、「忙しい！　忙しい！」といって、動き回っているうちは、「潜在意識」からのメッセージは届きません。

ですから、「潜在意識」とつながって、潜在意識からの声に耳を傾けるためには、リラックスすること。意識的にボーッとすることが欠かせません。

無意識にボーッとしていると、「顕在意識」も眠っている状態になり、ガードが甘くなるので、「潜在意識」からのメッセージが届きやすくなるのです。

なので、あくまで意識的にボーッとすること（笑）。これを別の言葉で表現すると、「瞑想する」ということになります。

「瞑想」と聞くと、なんだか難しそうな印象を受けるかもしれませんが、シンプルにいうと、「意識的にボーッとすること」だと覚えておけばいいでしょう。

……で、意識的にボーッとするためには、どうすればいいのか？

もちろん、瞑想法として、いろんなテクニックもあるのですが、基本はできるだけ、ゆっくりとした深呼吸を意識すること。

「意識的に深呼吸すること」＝「意識的にボーッとすること」＝「瞑想」といってもいいでしょう。

深呼吸するときのコツは、吐く息に注目すること。下腹を意識して、そこに少し力を入れて、できるだけ長く息を吐き切ることを意識しましょう。口からしっかり息を吐いて、あとは鼻から自然に息を吸っていきましょう。

すべてのエネルギーは出すのが先。それが宇宙の法則です。

「息」も、「行来」。「行って来る」と書いて、「息」になります。ですから、**深い呼吸**

をするためには、出すのが先。吐く息に注目して、しっかり息を吐き切ることです。

呼吸に注目していると、必然的にボーッとできます。できれば目を閉じて、1分間に5~6回ぐらいのペースで、深呼吸をくり返します。

1分間の深呼吸を1日10回のペースで習慣化できると、「潜在意識」とつながりやすくなります。特に1分間の深呼吸を終えたあと、目を開けた瞬間に、ひらめきが降りて来やすくなります。それがまさに、「潜在意識」からのメッセージなので、気づいたことはメモしておいたり、すぐに実行に移してみましょう。

朝起きたときや、夜、寝る前はもちろん、移動中の電車待ちの時間や仕事中、ちょっとブレイクしたいときにも、この「プチ瞑想法」はとってもカンタンで、効果バツグン。「潜在意識」との相性もバッチリなので、ぜひ、あなたも積極的に深呼吸しながら、意識的にボーッとする習慣にトライしてみてはいかがでしょうか?

夢で見たことをメモする

「潜在意識」とのつながりを意識するのなら、夢を活用しない手はありません。

眠っている時間は、「顕在意識」の手の及ばない領域なので、そのとき見た夢はまさに、「潜在意識」からのダイレクトなメッセージだといえるでしょう。

「夢は見ない」という方もおられるかもしれませんが、それは夢を見ていないワケではなく、見た夢を覚えていないだけだということ。

なので、夜、寝る前に「今日は潜在意識からのメッセージを夢として受け取るぞ」と声に出してから、眠りにつくと、夢を覚えている確率がグーンとアップするので、気軽にトライしてみましょう。

よく夢を見る人でも、同じ夢をくり返し見ない限り、目が覚めると時間とともに、夢の記憶は消えていくもの。夢は、「潜在意識」が伝えてくれているメッセージなので、それを忘れず、生かすためにも、夢をメモする習慣にトライしてみましょう。

枕元にメモとペンを置いて眠り、朝、目が覚めたら、とにかく覚えている範囲でいいので、夢の内容をメモしておきましょう。

朝、目が覚めて、布団やベットから起き上がるまでのまどろみ状態が、実はいちばん「潜在意識」からのメッセージが届きやすいタイミングでもあるので、その時に感じたことは、夢以外のことであってもメモしておくと、自分の「潜在意識」を知る、手がかりになるハズです。

夢は基本、荒唐無稽で、ストーリーなどあってないようなものですから、ストーリーを追いかけるのではなく、夢に誰が出て来たのか、どんな場所だったのか、何をしているのか、そしてどんな感情を味わったのかなどに注目して、メモを残しておくと、あとで「あぁ、そういうことか!」とヒザを打つことになるでしょう。

また夢は、寝る前、特に寝る直前に見た映像に大きく影響されるといわれます。ですから、夢を通じて「潜在意識」からのポジティブなメッセージを受け取りたい場合は、寝る前、できるだけネガティブなニュースや映像は目にしないよう、注意を払いましょう。

また、寝ているときは、寝室に置いてあるモノからも影響を受けます。ごちゃごちゃとモノが散乱している部屋で寝ていると、そのモノの波動が邪魔をして、「潜在意識」からのメッセージが受け取りにくくなるので、**寝室はできるだけ整理整頓を心がけ、モノを出し放しにしないように片づけて**。もちろん、クローゼットや押入れ、洋服タンスの扉は開けっ放しにせず、しっかり閉めてください。

寝ているときは、香りにも敏感になるので、アロマやお香を焚いて眠ると、「潜在意識」からのポジティブなメッセージを受け取りやすくなるので、おススメです。

ゆっくりお風呂（温泉）に浸かる

深い湯船に肩まで浸かる入浴スタイルは、世界的にみても、ほぼ日本人ならではは。それは日本列島が火山に支えられており、至る所で温泉が湧き出ているという地理的な理由だけではありません。

家に靴を脱いで上がる日本人は、「潜在意識」では自分の家に神様をお呼びしたいと思っています。家は神様が降りてくる神聖な場所なので、土足厳禁なのです。

夜、眠るとき、魂は肉体を抜け出し、あの世に還り、あの世でクリーニングとエネルギーをチャージします。その間、肉体はこの世に残り、家に降りてきてくださった神様がクリーニングとエネルギーチャージなどのメンテナンスをしてくれるのです。

つまり、夜、入浴するということは、「潜在意識」的には、寝ている間に神様に自分の肉体をクリーニングしていただくための準備なのです。昔は神社に参拝する前は、海や川、温泉で身を清めてから、参拝させていただくのが、一般的な作法でした。今、神社に残っているお手水《ちょうず》の作法は、そうした身を清めるための作法の簡易版です。

つまり、入浴するということは、神社に参拝するためにしていた昔と同じ、身を清める作法と同じことをしているのです。

と同時に、肩までお湯に浸かるのは、生まれ変わる前に一旦《いったん》、お母さんのお腹の中の羊水の中に戻ることを象徴しているといえるでしょう。

逆に朝、入浴するのは、夜、寝ている間に神様にクリーニングしていただいた肉体を整えるためのもの。私たち日本人の「潜在意識」的には、夜、寝ることは一旦、あの世に還ること。つまり死ぬことであり、朝、目覚めることは再び、この世に生まれてくること。つまり、誕生に当たります。ですから、朝の入浴は、まさに生まれたての赤ちゃんが、産湯をつかうようなもの。それだけに、朝も夜も、日本人にとって入浴は、シャワーだけではもの足りなく感じてしまうのです。

お風呂にこうした特別に思い入れがある、私たち日本人にとって、**肩までお湯にすっぽりと浸かる入浴タイムは、まさにあの世と最もつながりやすくなる時間**です。「あの世」＝「潜在意識」の領域です。入浴時のように、裸でお風呂に浸かっているときこそ、素の自分が出せるとき。最高にリラックスした時間と空間だからこそ、「潜在意識」の奥の奥まで、スルスルとつながることができるのです。

お風呂にゆっくりと浸かり、ボーッとしているとき、最も「潜在意識」とつながりやすくなります。ひとりでお風呂に入っているなら、ひらめきや直感をメモするための道具（濡れても大丈夫なお風呂メモ帳など）を用意しておくといいでしょう。

誰かと温泉に行って、一緒にお風呂に浸かりながら話をすると、本音が出やすく、前向きでポジティブな意見や創造的なアイディアが出やすくなるので、おススメです。

いずれにしても、お風呂は「潜在意識」とつながりやすい場所と意識して、もっと積極的に活用していきましょう。

外側も意識する

「潜在意識」からのメッセージは、自分の内側からしか届かないワケではありません。たとえば、あなたが会議中、ある案件について進めようか、止めようかと議論しているそのとき、たまたま外で笑い声が聞こえたとします。その場合、それは「潜在意識」からの「GOサイン」かもしれません。

また、Aか、Bか、決められないとき。あなたが「Aにしようかな〜」とつぶやいた途端、キッチンから、「ガチャン！」と食器が割れる音が聞こえた場合、それは「Aじゃないよ」という「潜在意識」からのメッセージかもしれません。

このような形で、私たちの「潜在意識」は、「顕在意識」に対して、常にさまざまな形でメッセージを送ってくれているのです。しかし、私たちの「顕在意識」がそれに気づくことができないと、単なる偶然で片づけられてしまいます。残念ながら、それでは「潜在意識」を飼い馴らすことはできません。

「潜在意識」を意識すると、意識が内向きになりますが、「潜在意識」からのメッセージは、あなたの外側から届くこともあるので、外を無視してはいけません。あなた個人の「潜在意識」でも、深い部分では「人類全体の集合意識」や「宇宙とつながる超意識」ともつながっているので、**偶然を装って、他人の口から大事なことを伝えてくれたり、自然現象を活用して、気づきのヒントを与えてくれたりもする**のです。


自分の外側からくる「潜在意識」のメッセージは、大別するとシンプルに2種類。「GO」か、「STOP」のどちらかだと考えておけばいいでしょう。

先述の例のように、自分の外側で起こる現象が、ポジティブなもの（笑い声、拍手、ファンファーレ、太鼓の音、好きな音楽、急に光が差す、雨が上がるなど）であれば、その案件には基本、GOサインが出ていると判断してよいでしょう。

一方、進退や選択に迷っているときに、自分の外側で起こる現象が、ネガティブなもの（怒鳴り声、何かが割れたり、壊れる音、衝突音、突然の雨、事故や事件に遭遇するなど）であれば、その案件をそのまま進めるのは、ちょっと考え直したほうがいいかもしれません。いずれにしても、今すぐ、決断するのは止めて、一旦、持ち帰るなど、保留にして、もう一度、検討し直したほうがいいでしょう。

「潜在意識」とのつながりを太くするためには、自らの直感を磨くことと同じように、自分の外側からもたらされるサインにも、敏感になることが大切です。

自分の外側から届く「潜在意識」からのメッセージを無視し続けていると、「潜在意識」からの声は、より大きく、よりはっきり、より強さを増して来ます。

その場合、３次元的にみれば、病気や事故、倒産や借金問題、人間関係のいざこざや離婚問題、近しい人の死など、いわゆる「人生のトラブル」と呼ばれるものが、降りかかってくるかもしれません。実はそれらも、「潜在意識」からのメッセージに他なりません。ですから、早い段階でその声に気づくことができれば、そうした「人生のトラブル」さえも、回避することができるようになるのです。

これこそ、あなたが「潜在意識」とつながり、「潜在意識」を飼い馴らす、最大の目的であり、最高のメリットだといえるかもしれません。

よく嚙んで食べる

私たちの肉体は、私たちが過去に食べたものでできています。

何を食べるのかは、主に私たちの「顕在意識」が主導権を握っていますが、どう食べるのかは、「潜在意識」の領域かもしれません。

そもそも食べるという行為は、単なる栄養補給ではありません。

食材に宿っている命を、自分の命の一部に移し替える神聖な行為であり、さらにその場に宿るエネルギーも一緒に摂り込む、エネルギー補給の大事な時間です。

しかし、私たちの現代の食生活は、食べ物の種類や量があり過ぎて、毎食、何をどれだけ食べるのかを決めるだけで、ひと苦労。

それだけに食べるものが決まれば、あとはよく噛まずに流し込むように、一気に食べてしまうか、それとも、テレビを見ながら、雑誌を読みながら、スマホや携帯をいじりながらなど、「ながら」食べになっていることが多いのでは？

こんな食べ方をしていると、せっかくの食事の味がわからなくなりますし、よく味わって食べられないので、何を食べているのかも、わからなくなります。当然、消化も悪くなりますし、無意識に食べ過ぎることにもなるので、よくよく注意が必要です。

「潜在意識」とつながるための食べ方はズバリ！　よく噛んでいただくこと。

お家でも、外でも、食事をいただく時は、できるだけ食事に集中して、食べ物をいただきましょう。ちゃんと「いただきます」と手を合わせてから食べ始め、ひとつずつの食材の味を噛みしめるよう、ゆっくりたくさん噛んで食べましょう。もちろん、食べ終われば「ごちそうさま」の挨拶も忘れずに。ひと口、30回ぐらいを目安に噛むと、食べ物の消化吸収が高まり、食べ物の味もしっかりと味わえ、さらに満腹感も高まるので、暴飲暴食を防ぐ効果もあるといわれます。

食べ物の味を司る味覚や嗅覚は、「顕在意識」よりも「潜在意識」と密接につながっているといわれます。「潜在意識」を意識し活性化しながら、よく噛んで食事をいただくことで、自分の身体に必要な栄養素や有害な添加物なども感覚的に見分けられるようになり、さらに嗅覚をとおして記憶を刺激することにもなるので、直感やひらめきが降りてきやすくなるのです。

結局、ヨガや禅の修行者や仏門に入る修行僧、覚者や聖者と呼ばれる人が、ベジタリアンや玄米菜食になるのは、「潜在意識」とつながりやすくなる食事だから。そういう意味では、食べ物や食べ方を見直すことからでも、「潜在意識」を飼い馴らすことはできるのです。

「いただきます」↓「ゆっくり、たくさん噛んで食べる」↓「ごちそうさま」。

まずは、このサイクルを意識するだけでも、食べることに対しても、「潜在意識」のスイッチが入ります。**「潜在意識」を意識して食べるだけで、思わぬダイエット効果とひらめき効果が同時に得られる**かもしれませんよ。

神社に行く

自分の家以外で、最も「潜在意識」とつながりやすい場所といえば、ズバリ！　神社です。日本は八百万《やおよろず》の神々が棲まう国と呼ばれ、実際に今でもコンビニの数よりも、神社の数のほうが多いといわれています。

それだけたくさんの神社に囲まれて生活しているにもかかわらず、初詣のときぐらいしか、神社に行かないなんて、もったいない。

神社は最も身近なパワースポット。「スピリチュアル・サンクチュアリ（あの世とこの世をつなぐ神聖な聖域）」ですから、「潜在意識」とのつながりを深めるためにも、もっと気軽に立ち寄って、神社のパワーを活用しましょう。

日本の神社の拝殿に置かれているのは基本、鏡です。
鏡が置かれているということは、神社の拝殿で対面しているのは、自分ということになります。鳥居という結界の門をくぐり、音霊で「邪を離す」ために砂利を踏みしめて歩き、参道の木（＝気）のシャワーを浴びて、身を清めます。お手水舎《ちょうずや》で、身の穢《けが》れ（＝気枯れ）を払い、拝殿に立ったときは、自然に「我（＝エゴ・顕在意識）」がとれた状態になっているのです。

そこに「鏡」が置かれています。「カガミ（＝鏡）」から「ガ（＝我）」をとると、「カミ（＝神）」。つまり、「我（＝エゴ・顕在意識）」がとれて、「潜在意識」とつながった自分の状態こそ、「神」であるということを想い出すための「場の仕組み・蘇りのシステム」が、日本の神社そのものです。

ですから、ただ普通に、神社に足しげく通っているだけで、あなたの中の「神」、つまり「潜在意識」とつながりやすくなるのです。

「エゴがとれた自分が神だった」「もともと自分は神の一部だった」ということを想

い出すための場所が、神社です。ですから神社の拝殿で「願いごと」は、NG。鏡に映っているのは自分ですから、自分に対して願いごとをしても意味がないのは、誰でもわかるでしょう。

神社でするのは、「感謝と宣言」。今、こうして生かしていただいている命に感謝し、自らの覚悟を神前で高らかに宣言するのが、神社での正しい作法です。

その**「感謝と宣言」は、自らの「潜在意識」に言い聞かせているのと同じこと。これこそ、実は願望実現のための、最もパワフルな方法**に他なりません。

つまり、神社に通って、神前で「感謝と宣言」の祈りを捧げているだけで、「思考が現実化」してしまうのです。

ただし、神社でする「感謝と宣言」は、現在形もしくは現在進行形で、「〜します！」「〜しつつあります！」と言葉に出して、言い切ること。一般的によく使われる、「〜ように」という形でお願いするのは、NGです。

そこだけ、注意しておけば、あとはそんなに難しく考える必要はありません。

ここぞ！というときは、改まった服装で、お賽銭もポチ袋に入れて、お札を入れたほうが効果的ですが、普段は散歩がてらでもかまいません。お賽銭もお気持ちで。

ただし、敬意をもって参拝させていただき、「感謝と宣言」の作法だけは、忘れないこと。

もちろん、伊勢神宮など、日本を代表する大きな神社に参拝するのも良いのですが、できれば最初はお住まいの近くの神社（鎮守神社）で、掃除が行き届いており、気持ちよく感じられる神社に、足しげく参拝するのがおススメです。

神社はもともと、聖域として整えられていますから、そこでの「感謝と宣言」は、ダイレクトに「潜在意識」に届きます。それだけに、自分の本心と違うことを「宣言」してしまうと、それが現実化してしまうパワーもあるので、何を「宣言」するのか、明確にならない内は、「感謝」だけを伝えておくのも、アリですよ。

笑顔をつくる

その昔、スポーツ界では一時期『ジョイナースマイル』という言葉が流行したことを覚えておられるでしょうか?

1988年のソウルオリンピックの陸上競技で、100メートル、200メートル、100メートル×4リレーで、金メダルを獲得した、アメリカの女子陸上選手、フローレンス・ジョイナーさんは、100メートルの中盤から後半にかけて、よりリラックスして、不要な力を抜き、潜在能力を引き出すために、口角を上げて走ったのは有名な話。実際にジョイナーさんが笑顔になると、後半さらにスピードが加速していったため、多くの選手がこの手法をマネしたともいわれています。

そう、笑顔をつくると、パワーの元である「潜在意識」につながりやすくなります。

笑顔でいると、明るくなります。明るくなると、軽くなります。この世で最も軽いものが、光です。光こそ、「潜在意識」のいちばん奥にある、「宇宙とつながる超意識」をこの世に現したものに他なりません。

「明るい」は、Light。「軽い」も、Light。そして「光」も、Light。

結局、「明るい」「軽い」「光」が、同じ言葉、Lightで表されるのは、それらはもともと、すべて同じものだから。「明るい」も、「軽い」も、「光」も、「潜在意識」の深い部分にある、「宇宙とつながる超意識」がもつエネルギーを表す言葉。

「笑い・笑顔」によって、「潜在意識」のいちばん深いところにある、「宇宙とつながる超意識」と一瞬でつながることが、できるようになるのです。

実際、「笑い・笑顔」の現実的な効用をみてみると……、

・自然治癒力（免疫力）の代表選手NK細胞（ナチュラルキラー細胞）を増やす効果があり、免疫力が上がり、病気に対する抵抗力がアップします

・脳波がα波状態となり、自律神経（交感神経と副交感神経）のバランスが整います。それによってリラックス効果が高まり、ストレスが軽減し、心拍数を落ち着かせる効果があります
・笑うことで脳内ホルモンであるエンドルフィンが分泌され、それによって幸福感がアップし、さらにモルヒネの数倍の鎮静作用で痛みを軽減する効果もあります
・笑うと脳の血流が増加し、血管が詰まって起こる脳梗塞や認知症の予防、回復に役立ちます。さらに血流量の増加は、脳の働きを活性化し、集中力が高まり、脳の「海馬」の働きを活発にして、記憶力のアップも期待できます
・大笑いすると腹筋、横隔膜が活性化され、消化器官の動きも活発になり、排便がラクになります
・よく笑うと全身運動をしたときと同じように、からだの筋肉を使うので、ストレスの発散につながり、心地よい疲れでぐっすり眠れます
・笑顔は顔の表情筋を効果的に使うことになるので、顔の引き締め効果やたるみ予防、リフトアップ効果にもつながります
・笑いは人の気持ちを明るくし、人間関係を円滑にし、やる気や創造力を高め、仕事

の効率をあげる効果が期待できます

……などなど。こうした効果が、ただ笑うだけ、自分で笑顔をつくるだけで得られるのです。笑顔をつくって、損をすることはほとんどありませんが、笑顔にならないと、こうした効果が得られないのですから、その損失は計り知れません。

「楽しいから笑う」のではありません。笑顔は技術と習慣でつくれるもの。笑うから楽しくなる。**楽しくなると、「潜在意識」とつながりやすくなります。「潜在意識」とつながることで、「潜在能力」が開花して、楽しさも、喜びも、豊かさも、幸せも、すべての佳《よ》きことが、自然に引き寄せられてくる**のです。

こんなにシンプルで、効果的な手法は他に見当たりません。あとは、あなたが自らの意志、「顕在意識」で「笑顔」をつくるかどうか、それだけです。

3回ジャンプする

「アタマに血が上る」とか、「気が上がる」などという表現がありますが、これらは「顕在意識」が優位の状態。つまり、アタマがひとつの感情に支配されたり、目の前のことでアタマがいっぱいになり、エネルギーが集中してしまっているため、他のことが見えなくなってしまっているのです。

そんなときは当然、「潜在意識」の声など聴く余裕もありませんから、あなたの「潜在意識」が、どんなにいいアイディアをもっていても、それを「顕在意識」に届けることができません。そのことによって、目の前の問題がさらにこじれ、さらにアタマに血が上る状態を加速させることになってしまったとしても……です。

そんなとき、一瞬でアタマに上ったエネルギーをストンと落とす方法があります。

その名もズバリ！　「安心ジャンプ」。

その場で3回ジャンプした後、声に出して「大丈夫」というだけ。

これだけで、「顕在意識」にがんじがらめに支配されていた、アタマの暴走は止まり、アタマに集中していた、エネルギーもウソのように消えてなくなります。

「どうしよう、どうしよう」と「顕在意識」が焦って、同じところをグルグルと駆け回り出すから、どうしようもなくなるのです。

そんなときは、**アタマに集中していたエネルギーを肚《はら》に落とすことが、何より重要。**

そのために最も即効性があるのが、「安心ジャンプ」です。

四の五のいわず、今度、アタマに血が上って、パニックになりそうになったら、「安心ジャンプ」です。そうすれば、「顕在意識」に支配されていたアタマから、「潜在意識」に主導権が移り、肚で考えられるようになるので、もう安心です。

丹田を意識する

「肝が据わっている」とか、「肚をくくる」などという言葉がありますが、この「肝」や「肚」に当たる身体の部分を「丹田」と呼びます。具体的には、おへそから指3本下の辺りの下腹部を指し、剣道や柔道、空手や相撲などの武道はもちろん、能や歌舞伎などの日本の伝統芸能、踊りの分野においても「丹田」を鍛えることは、最高のパフォーマンスを出すためには必要不可欠であり、その道で一流になるためには欠かせない条件だといわれています。

その「丹田」を意識することは、「潜在意識」とつながる上で、とても重要です。

イライラしたり、クラクラしたり、焦ったり、怒ったり、パニックになったり……。そういうときはすべて、気がアタマに上がり、肚が据わっていません。

そのままでは、「潜在意識」とつながることはできませんし、当然、「潜在意識」からのメッセージも受け取ることはできません。

いい換えれば「肚」、つまり「丹田」を意識して、**「丹田」に気のエネルギーをもっていくことができれば、「潜在意識」とつながりやすくなり、自由自在にコントロールできるようになります**。それが、その道の達人になるということです。

「丹田」を意識するだけで、「ネガティブな顕在意識」のいいなりになって、些細なことでイライラしたり、パニックに陥ることも、きっと激減するでしょう。

「丹田」を意識するための具体的な方法とは、自分の「丹田」を両手で押さえて、「できる、できる、できる！」と3回、唱えるだけ。

それだけで「丹田」にエネルギーが集まり、アタマはスッキリと冴え、肚が据わり、自信が漲《みなぎ》り、自然と「潜在意識」につながりやすくなるので、ぜひ、日常の中で実践してみてください。

両親に感謝の言葉を伝える

先述のとおり、「潜在意識」のいちばん表層にあるのは、「個人の潜在意識（記憶）」です。その、あなたの「個人の潜在意識（記憶）」にいちばん強い影響を与えたのは、誰でしょう。そう……、あなたの両親です。

ですから、あなたの「潜在意識」とより深くつながるためには、あなたの両親との「記憶（個人の潜在意識）」を書き換える必要があるのです。

もちろん、両親との「記憶」は、うれしいもの、楽しいもの、ポジティブなものもたくさんあるでしょう。誰でも子どものころは、両親のことが大好きですし、まるで神様のように無条件に信頼して、愛しているものです。

しかし、残念ながら、両親は神様ではありません。普通の人間です。

ときには、ネガティブな感情を子どもに対して、ぶつけてしまうこともあるでしょうし、ひどい言葉を吐いたり、手が出ることもあったかもしれません。

そんなとき、子どもはひどく傷つきます。さらにほとんどの場合、「神様である両親が間違うワケはない。悪いのは自分なんだ」と思って、自分のことを責めたり、裁いたりするようになるのです。

そうしたネガティブな感情や幼い頃のトラウマが、自己否定や無価値観となって、あるいは両親に対する否定や拒絶、怒りとなって、あなたが「潜在意識」とつながろうとするときに、壁となって立ちはだかることになるのです。

過去の記憶は今、実在するものではありません。

それはアタマの中にデータとして保存されているだけですから、そのデータを今、ここで新たなものに上書きして、変えてしまえばいいのです。

両親との「ネガティブな記憶」を書き換えるのは、実はとってもカンタンです。

今ここで、お父さんに対して、「お父さん、私をこの世に誕生させてくださって、ありがとうございます」と伝えること。

お母さんに対しては、「お母さん、私をこの世に産み出してくださって、ありがとうございます」と言葉にして伝えること。それだけです。

それだけで、あなたの「潜在意識」の中にある、ネガティブな記憶はきれいさっぱり、塗り替えられることになるのです。

両親が健在であれば、直接、伝えること。手紙やメール、電話より、直接、面と向かって伝えたほうが、効果があるのは間違いありません。

お亡くなりになっている場合は、墓前で手を合わせて、伝えるだけでも効果があります。いずれの場合も、特に心は込めなくてもかまいません。**心の中では抵抗していても良いので、言葉に出して伝えること。この世では、意識より言葉のほうがパワーが強いので、言葉によって、過去の記憶、ネガティブな潜在意識も塗り替えることができる**のです。

両親との関係を受け入れることは、「潜在意識」とつながるためには欠かせないミッションです。子どものころの記憶が、どんなにネガティブなものであったとしても、今ここで、両親に感謝の言葉を直接、伝えられれば、そのネガティブな記憶も、ポジティブなものに上書きして、変えることができるのです。

このミッションをとおして、「潜在意識」の表層部分に壁となって立ちはだかっていた、両親に対するネガティブな「個人の潜在意識（記憶）」を取り除くことができれば、その奥にある「人類全体の集合意識」や「宇宙とつながる超意識」などの、より深い部分と、より自然に、もっとカンタンに、つながることもできるようになるので、ぜひ、勇気を出して、トライしてみましょう。

毎日「ありがとうございます」をたくさん唱える

最後に「潜在意識」とつながるための、最もシンプルで、最もパワフルな、とっておきの方法をお伝えしましょう。

それはズバリ！「ありがとうございます」と声に出して、毎日、たくさん唱えること。それだけです。

日本語の「ありがとうございます」は不思議なパワーをもつ、まさに「魔法の言葉（じゅもん）」です。

「ありがとう」の語源は、「在り難し」。つまり、「ありえない！ 奇蹟だ！」という意味の言葉で、もともと室町時代までは神仏が起こしてくれた奇蹟のような現象を目のあたりにしたときに、感謝と畏敬の念を込めて使われていたとか。「ありがとう」

を人に対して、使うようになったのは、室町時代以降のこと。確かに今でもお年寄りが手を合わせて、「ありがたや、ありがたや」と拝むような仕草をしますが、それが「ありがとう」の原点かもしれません。

「ありがとうございます」の「ございます」は、「御座います」。「今、ここにいらっしゃる」という意味です。つまり、「ありがとうございます」は、相手の行為に対する感謝の言葉というより、「今、目の前にあり得ないような奇蹟的な現象が起きています。その奇蹟を起こしてくださった何者か、神仏の力、神の恩恵を讃えます」というような意味合いをもつ、祈り言葉なのです。

「ありがとうございます」と声に出して、唱えれば唱えるほど、「ありえないような奇蹟が引き寄せられてくる」のです。目の前に何も奇蹟的な現象が起きていない時点で、先に「ありがとうございます」をたくさん唱えることによって、「ありがとうございます」といいたくなるような現象が、あとから起きてくる。

私たちの「潜在意識」は、そういう仕組みで成り立っているようなのです。

実は私自身、もう15年以上も前のことになりますが、「ありがとうございます」を1年間で136万回以上、数えながら、いい続けたことがあります。このとき私の身に実際に起きたことは、ほかの書籍にも詳しく書きましたが、まさに奇蹟としか言いようがない、不思議な現象がたくさん引き寄せられてきました。

中でも最もインパクトのあった出来事は、1年間で136万回以上、「ありがとうございます」と唱え終わった、約1週間後にある方から、「自由に使ってください」といわれて、ありえないような額の大金（小切手）をいただいたこと。

もちろん、これが「ありがとうございます」をいい続けた効果かどうかを、確認することはできませんが、もし、これが「ありがとうございます」の効果でなければ、さらに信じられないような奇蹟としかいえないでしょう。

もちろん、たくさんの「ありがとうございます」をいい続けたからといって、誰もが私と同じような体験ができると断言することはできません。

しかし、こういう話を聞いて、**素直に「ありがとうございます」を唱え始めた人は、**

その人にピッタリの奇蹟と呼べる現象を引き寄せていることも、また事実なのです。

ある人は運命の人との出会いを引き寄せたり、またある人は仕事で成功を収めて、幸せなお金持ちになったり、またある人は長年の持病が改善したり……などなど。

結局、「ありがとうございます」という言葉をたくさん自分に言い聞かせることは、「今、あり得ないような奇蹟が目に前に起きている」という感謝と感動の気持ちで、私たちの「潜在意識」を洗脳しているのと同じこと。「ありがとうございます」という言葉が、私たちの「潜在意識」の奥深くに染み込むことで、奇蹟を引き寄せるための基礎・土台のようなものができあがってくるためだと思われます。

私たちの「潜在意識」はその時々で、自分にとって最も必要なことがちゃんとわかっています。ですから、「ありがとうございます」という言葉によって、「奇蹟」の芽が出る土壌さえ、キチンと整えてやれば、あとは放っておいても、その人が最も必要としている「奇蹟」を、ちゃんと引き寄せることができるようになるのです。

エクササイズ

「ありがとうございます」の指伸ばしワーク

さて、この章では自らの「潜在意識」と深くつながり、「潜在意識」を飼い馴らすための、さまざまな具体的方法を学んで来ました。

その中で、最も即効性があり、効果を実感していただけるワークを、今ここで、一緒に体験してみましょう。

ワークの手順

1 まず、今あなたの目の前で、右手と左手を合わせてみてください。左右の手の平を開いて、皺の部分を目印に、左右の手がピッタリに重なり合うように合わせてみてください。目の前で合掌するような形です。

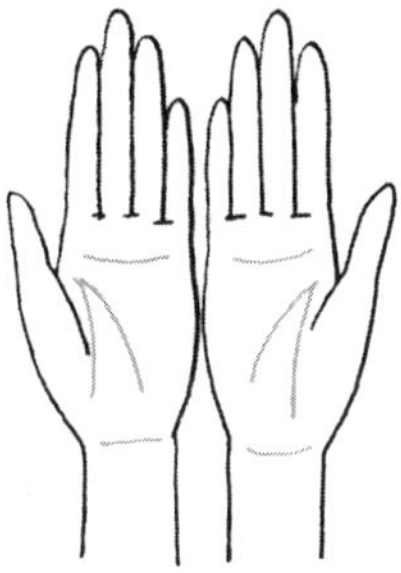

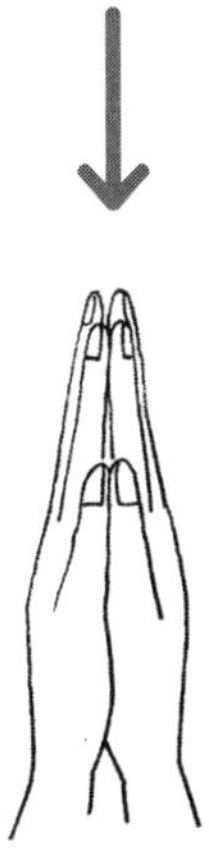

2 そのとき、いちばん高い中指の位置に注目して、左右どちらかの指が高いかをよくチェックしてみてください。普通は左右の指の長さはほぼ同じですが、利き手のほうが若干、長くなっている方もおられるでしょう。

3 そうやって、左右の指の長さを確認していただいたあと、ここからが本番です。

左手の手の平は上向きに開いて、右手はこぶしをつくります。そして、右手はこぶしのまま、左の手の平の付け根のほうから、指先に向かって、右手のこぶしをすべらせていきます。右手のこぶしで、左の手の平をしごくような感じです。

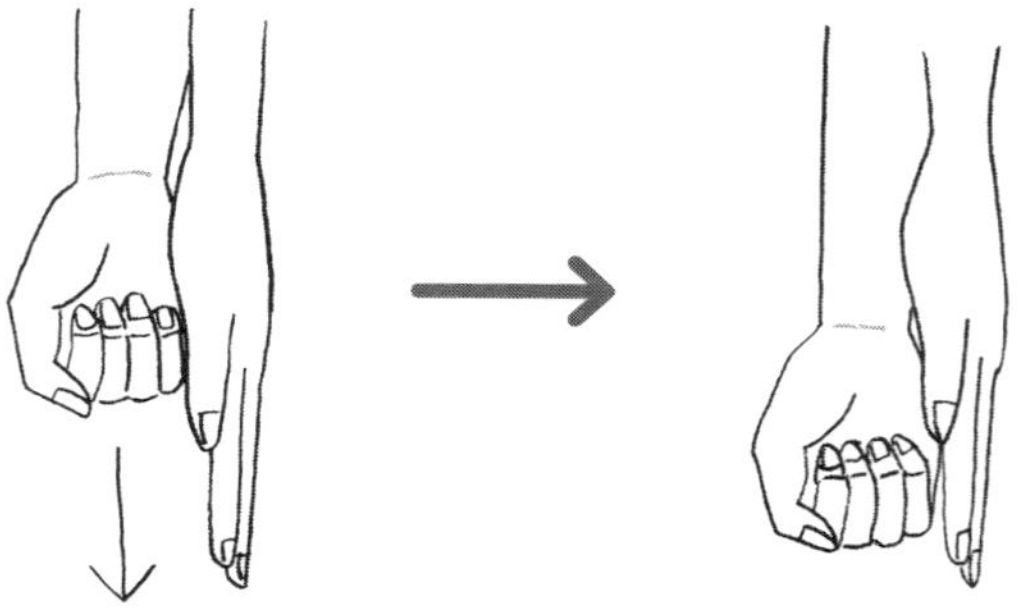

　そのとき、大事な「魔法の言葉（じゅもん）」があります。
「左手の指が伸びました。ありがとうございます」という、「魔法の言葉（じゅもん）」を声に出して、10回、唱えます。
　小さな声でかまいませんが、自分の耳にしっかり聞こえる程度の声でお願いします。
　この「言葉（じゅもん）」を唱えながら、先ほどの動作、左の手の平を右手のこぶしで、指先に向かって、しごくような動作をしてみましょう。

その動作を「言葉（じゅもん）」と共に、10回くり返します。

さぁ、ワークはこれだけ！　早速、トライしてみましょう〜。


4「言葉（じゅもん）」を言いながら、10回、その動作をし終えたら、先ほど同じように、もう一度、左右の手の平を広げて、皺の部分を目印にして、左右の手をピッタリと重ね合わせてみてください。

それを自分の目の前にもって来ると……。


いかがですか？

明らかに左手の指のほうが伸びていませんか？

反応の良い方は、軽く1センチ以上、伸びていると思います。


なぜ、こうなってしまうのか？

きっとあなたも「顕在意識」では、「こんなことで指が伸びるなんて、ありえない」などと思ってはいませんでしたか？　でも、今、目の前にある現象が事実です。

まさに、これが「潜在意識」の仕組みであり、「ありがとうございます」という言霊のパワーなのです。

さあ、これでもまだ、あなたの「顕在意識」は、抵抗を続けるつもりでしょうか？

第5章

自らの潜在意識の主となり、望む未来を引き寄せる

自らの潜在意識の主になる

ここまでご紹介してきた、「潜在意識」のメカニズムを理解し、自らの「潜在意識」を飼い馴らす方法を、日常で実践していただいているだけで、すでに今までと違った現象が起き始めている方も、きっとおられることと思います。

この章では、そうした思考が現実化するスピードをさらに加速させ、より確実に、意識の最も深い部分で望んでいる未来を引き寄せる方法について、ご紹介していきましょう。

ポイントは、あなたが本当に望む未来とは何なのか？ということです。

「潜在意識」のどの段階、どのレベルの主になろうとしているのかを意識することは、あなたが想像している以上に、とても重要です。

ここまで見てきたとおり、私たちの意識の世界は「目に見えない世界」ではありますが、その世界においても、段階的にかなり細かくわかれています。

はっきり言って、「個人の潜在意識（記憶）」や「人類全体の潜在意識（集合意識）」のレベルとつながり、そこをコントロールできるようになっても、あなたが本当に望んでいる幸せな未来を引き寄せることは難しいといわざるを得ません。

「潜在意識」のいちばん奥、根っこの最も深い部分にあるのは、「宇宙とつながる超意識」の領域です。ここで私たちの命の大本である宇宙とつながり、ここから、私たちが生きるためのすべてのエネルギーが供給されてくるのです。

ここときちゃんとつながらない限り、あなたが本当に望む未来を引き寄せることはできません。それだけはぜひ、覚えておいてください。

さぁ、それではいよいよ、あなたの意識の中の、最も深い部分にある、「宇宙とつながる超意識」の領域の探求を始めてまいりましょう。

思い通りの現実を引き寄せるために必要なこと

先述のとおり、「顕在意識」の目的は、「肉体を守ること」。「顕在意識」の思考は、最終的にすべて「肉体を守る」ことにつながります。つまり、ある程度の肉体の安全と安定が確保できていれば、それ以上、「顕在意識」の出番はなくなります。あとはできるだけ、辛くないよう、楽ができるように、身の保身を考えるだけ。

そんな怠慢な「顕在意識」の思考が現実化して、あなたは本当に楽しいと思いますか？　人生の充実感や生きがい、人として生まれた意味や使命、心の底からの喜びや自由、豊かさ、幸福感を味わえると思われますか？

もし、あなたが今まで、自分の思考がなかなか現実化しないと思っているとしたら、そうした「怠慢な思考」が今まで現実化しなかったことは、ある意味、とてもよかったことなのかもしれません。

実際に、「顕在意識」が考えるベストの状況、「怠惰な思考」が現実化した状況を味わった人たち、たとえば事業に成功して、若くして悠々自適のセミリタイア生活を味わった人たちは、口を揃えてこういいます。「やりがいや生きがいを見失ってしまった」「憧れていた生活が、こんなにもつまらないなんて」と……。


人間とはどうやら、そういう仕組みで成り立っているようなのです。


「宇宙とつながる超意識」と私たちの「顕在意識」との関係は、先述のとおり、「地球内部にあるマントル」と「私たちが暮らしている地表」のようなものです。

「地球内部にあるマントル」のことを普段、地球の表面で暮らしている私たちが想像するのは難しいかもしれません。しかし、地上でも時折、火山が噴火爆発するように、地球の内部にあるマグマが地表に噴出してくることもあるでしょう。

私たちの意識が、最も深い部分にある「宇宙とつながる超意識」とつながるということは、まさに今まで活動を停止していた休火山が突然、噴火するのと同じこと。

そのとき、意識の根源である宇宙のエネルギーとつながった、私たちの意識は、無限のパワーを手に入れ、まさに火山の大爆発のように、とてつもないエネルギーを放出して、目に見える世界で不可能を可能に変え、ありえないような奇蹟を引き寄せることができるようになるのです。

いわゆる過去〜現在の**偉人、天才、大成功者と呼ばれる人たちは、自らの「潜在意識」、「潜在意識」のいちばん深い部分にある「宇宙とつながる超意識」とつながった人たち**です。その根源とつながれば、赤く燃えるマグマのようなパワフルなエネルギーが、あとからあとから、無尽蔵のように溢れ出し、新しいアイディアや創造力が生まれ、多くの人を惹きつける魅力や現実的な行動力を発揮し、運やツキなどの目に見えない世界の力も味方につけ、夢を現実に変えていくことが可能になるのです。

望みの性質を見極める

「宇宙の法則」を守り、あなたの魂の計画をサポートするのが、「潜在意識」の役割です。その魂の計画を実行するために「潜在意識」の想いを実現しようとするのか、それとも「顕在意識」の「肉体を守る」ための「怠惰な思考」を現実化しようとするのかは、方向性が180度、まるっきり違ってきます。

つまり、あなたが望む思い通りの現実とは、「顕在意識」の思いなのか、それとも「潜在意識」の想いなのかを見極めなくてはいけません。

「顕在意識」の思いとは、「自我・エゴ」の思い。自分の肉体を守るために、「今さえ、自分さえよければ、それでいい……」という思いです。

それに対して、「潜在意識」の想いは、「宇宙」の想い。宇宙は生成発展することが目的。「自分だけでなく、周りの人々も社会全体も、より自由に、より豊かに、より幸せになるといいな……」という想いです。

「思い」とは、「田」の「心」。「田」は、お米をつくる場所。お米は主食であり、人が生きていくために必要不可欠な今のお金と同じ意味。その下に「心」がついているのですから、この「思い」は、「自らの肉体、命を守る」ための「顕在意識」の「思い」にほかなりません。

一方の「想い」は、「相」の「心」。「相」は「相手」。自分のことだけでなく、周りの人々、他人や過去や未来を思いやる心のことです。

こちらの「想い」は、「宇宙の法則」に則った「潜在意識」の「想い」なのです。


まずは、あなたのおもいは、「思い」なのか、「想い」なのかを見極めましょう。

あなたの「思考」は、単なる「嗜好（＝自分の好み、好き嫌い）」なのか、それとも「至高（＝高みに至る、宇宙とつながる）」なのか、わかりますか？


もし「顕在意識」の「思い・思考（＝嗜好）」が現実化すれば、確かに一時的な快楽は得られるかもしれませんが、結局、その「いい思い」は周りの不幸や我慢の元に成り立った「エゴ的な思い」なので、長続きはしないでしょう。


あなたのおもいを現実化しようとするなら、「思い」ではなく、「想い」のほう。

その「想い」が、「はっきりしない」「よくわからない」のなら、まずは「想い」の根っこをより深く伸ばすことにエネルギーを注いでみましょう。

第4章で紹介した「自らの潜在意識を飼い馴らす」ための具体的な方法論などはすべて、「潜在意識」の根っこをより深く伸ばして、「宇宙とつながる超意識」につながりやすくなるためのエクササイズにほかなりません。

こことしっかりつながることができれば、「顕在意識」であれこれ「思考」しなくても、「潜在意識」の「至高の想い」が勝手に現実化してくれることになるのです。

逆説的に聞こえるかもしれませんが、**本当に思い通りの現実の引き寄せたいと思うのなら、「顕在意識」で「思考」してはいけません。**

ただ、より深く、よりしっかりと自らの「潜在意識」とつながること。

これがあなたの魂の望む、本当に想い通りの現実を引き寄せるための、最も確実で、最も効果的、効率的なアプローチにほかなりません。

「顕在意識」に思考させないためのコツ

私たちの「顕在意識」は、自分の肉体を守るために、常に注意センサーを張り巡らせています。さらに「顕在意識」の「思い・思考」は、肉体の安全を確保するために、「どうすれば……」という具体的な方法論を見つけることが仕事だと思っています。

つまり、「顕在意識」に思考の主導権を渡してしまうと、「自分の肉体を守るためには、どうすればいいのか」という発想に支配されてしまうのは避けられません。

あなたが「お金持ちになりたい」と思考すると、「顕在意識」は、過去のデータベースを元に自然と「具体的にどうすれば？」と、方法論を考えます。

すると、「お金をたくさん稼ぐためには、今より、もっとたくさん働かないといけなくなる」→「肉体が疲れる、イヤだ、避けたい」→「なんとか楽をして儲かる方法はないものか？」「楽して（＝自分の肉体の安全を確保しつつ）、お金が得られる方法はないのか？」というような思考パターンに陥ります。

すると具体的な方法論としては、「宝くじを買う」「美味しい（美味しそうな）儲け話にのる」「金持ちそうな人にすり寄る」「親やパートナーに出してもらう」などの選択肢が生まれるかもしれません。

しかし、これらはどれも他力本願。具体的なアクションを起こしたとしても、お金持ちになる確率は極めて低く、逆にこれらの方法を具体的に試してみれば、結果的により依存的で卑屈になり、自分らしい魅力や輝きを失い、さらにお金に窮するような、ネガティブ・スパイラルに陥る危険性が大です。

では、「顕在意識」に思考させずに、「思考を現実化する」ためには、どうすればよいのでしょうか？　**ポイントは、目的地と期限は決めるが、ルートは決めないこと。**

「お金持ちになりたい」と思考することが、悪いワケでも、間違っているワケでもありませんが、そうした「顕在意識」の漠然とした思考が現実化する確率は、ほぼ「0」です。それは先述のとおり、「妄想・幻想」の類いに過ぎません。

「顕在意識」で目的地を考え、さらに「そこにたどり着くためには、どうすれば?」と具体的なルートや方法論を考えさせればさせるだけ、その思考は現実化しにくくなるので、要注意です。

「顕在意識」は過去の経験と知識というデータベースしかもっていないので、過去の延長線上にある方法論しか思いつけません。

過去の延長線上にある方法論で、仮にうまくいっているのなら、引き続き、そのとおりやればいいだけ。そもそも「お金持ちになりたい」という発想など出てこないハズですから、「顕在意識」で考える方法ではうまくいかないということは、「今、金持ちでない」という時点で、すでに証明されてしまっているのです。

先述のとおり、「顕在意識」は、タクシーのお客さん。私たちの「潜在意識」が、タクシーの運転手さん。お客さんである「顕在意識」がタクシーを止めて、「潜在意識」の運転手さんに「金持ち町へ行ってください（＝お金持ちになる）」と行き先を告げれば、それでいい。そこにたどり着くためのルートは、考えない。あとは有能なタクシー運転手さんに任せて、後部座席にのんびり座っていれば、いいのです。

「顕在意識」のすべきことは、人生の目的地と期限を決めて、それを「潜在意識」にはっきりと告げる、命令する（＝言葉に発する）こと。それだけです。

「どうすれば……」というルートを考えるから、うまくいかなくなるのです。

「潜在意識」が思考を現実化するルートは、私たちの「顕在意識」で計れるようなレベルのものではありません。私が体験したように、「ありがとうございます」をたくさん唱えただけで、大金が降って来るような奇蹟が現実に起こるのです。

ですから、**目的地と期限を決めて、はっきり宣言したら、あとはそのことを、いったん忘れて、目の前のことに心を込めて、当たるだけ**。頼まれごとは快く引き受け、今、自分にできることをやればいい。それが「顕在意識」に余計な思考をさせずに、本当に望むことを現実化するためのコツなのです。

「顕在意識」の思考を超えた、思考をイメージする

「顕在意識」に思考させずに、「思考を現実化する」ために、もうひとつポイントがあります。「顕在意識」の思考を超えた、思考をイメージすることです。

たとえば、現在年収500万円の人が、「年収1000万円を実現したい！」という思考、夢、ビジョンを掲げたとしましょう。年収500万円の人からみれば、年収1000万円は今の2倍ですから、確かに夢といえるでしょう。しかし、これを「顕在意識」で考えてしまうと、「年収が2倍だから、今の2倍、働かないといけない。2倍、働けばいい」という結論がすぐに導き出されてしまいます。

こうなると、この夢を現実化することは、極めて現実的なアプローチであり、「顕在

意識」の努力と根性でなんとかなる世界です。それは「潜在意識」で思考したやり方ではないので、「潜在意識」の出番がなくなってしまうのです。

ですから、「顕在意識」に思考させないためには、「顕在意識」で思いもつかないような、スケールの大きな、夢やビジョンを掲げるのが、おススメです。

先ほどの例なら、年収1000万円を目指すのではなく、一気にスケールアップして、たとえば月収500万円とか、年収1億円を目的地に設定すると、もう「顕在意識」にはお手上げ。具体的にどうすればいいのか、皆目見当がつかなくなります。

そうすると、あなたの「潜在意識」が、「そろそろ、私の出番でしょうか」とムクムクとアタマをもたげてくることになるのです。

もちろん、これはただ、金額目標を大きくすればいいということではありません。

実は「潜在意識」的には、その年収を達成することが本当の目的ではなく、その年収を達成するという体験や、達成した先にある感情のほうが、真の目的。

ですから、月収500万円とか、年収1億円を達成することを通じて、**どんな体験**

を味わいたいのか、そのとき、どんな感情を感じたいのかが明確にイメージできると、その体験、その感情を味わうために、「潜在意識」は動き出してくれるのです。

「潜在意識」のいちばん奥にある、「超意識」は「宇宙」とつながっています。

その「宇宙」が、私たち人類に期待する、共通の目的は、「体験すること、味わうこと」です。「体験のバラエティが増えること」こそ、「宇宙の意図」であり、目的。

あなたの思考が、その「宇宙の意図・目的」に適っていれば、それがどんなに突拍子もないレベルのことであっても、基本的に不可能はありません。

そのことを考えるだけで、あなたの内側から「ワクワク・ドキドキ・ウキウキ」という感情が湧き上がってくるような、人生の目的が見つかれば、その目的はすでに半分以上、実現しているといってもいいぐらいです。

そのフツフツと湧き上るような**「ワクワク・ドキドキ・ウキウキ」という感情こそ、あなたの「潜在意識」の奥底にある「宇宙とつながる超意識」とつながったサイン**なのです。

「潜在意識」に対しては、上から目線でOK

「潜在意識」や「宇宙とつながる超意識」というと、多くの人は「自分には関係ない」とか、「なんだか恐れ多い」とか、「霊感など、何か特別な才能をもった人だけのもの」というイメージを持たれているかもしれません。

まず、そうした思い込みこそ、「潜在意識」とのつながりを阻む、誤った思い込み。まさに「重いゴミ」です。そうした誤った「重いゴミ」は、今すぐここで、意識のゴミ箱に捨ててしまいましょう。

あなたの「潜在意識」は、「潜在意識」の奥底にある「宇宙とつながる超意識」は、あなたからの指示・命令をずっと待ち続けてくれているのです。

ある意味、あの有名な「アラジンと魔法のランプ」のお話の「ランプの精」のようなもの。「ランプの精」に、「〇〇してくれ」「××しなさい」と、はっきり命令を下さない限り、魔法の力をもつ「ランプの精」が居ても、宝の持ち腐れになるだけ。

あなたの「潜在意識」の主人となれるのは、あなただけ。あなたの「潜在意識」に、指示・命令を下す権利をもっているのは、あなただけであり、それこそが、あなたの人生において、いちばん大事な仕事だといっても、決して過言ではありません。

「潜在意識」に対しては、上から目線でいいのです。

イエ、上から目線で指示・命令しなければ、「潜在意識」は動いてくれません。「なんとかお願いします」と下手に出たり、「~ように」とお願いしてはダメなのです。

「潜在意識」に対する指示・命令はできるだけ、はっきり明確に、いい切ることが大切です。

ですから、多くの人が神社で参拝するときに、「~しますように」と自分の願いを唱えるのは、残念ながらNG。絵馬に「合格しますように」とか、「結婚できますように」と書いてしまうと、書いた文字がずっと残ってしまうので、非常に残念な結果を引き寄せることになるので、よくよく注意が必要です。

宇宙には、時間の概念はありません。

「〜しますように」と口に出してしまうと、それは「そうなっていない」と、自らの「潜在意識」にいい聞かせているのと同じこと。私たちの考え方だと、まだそうなっていないのですから、当然だと思うのも無理はありませんが、こと「潜在意識」に関しては、お願いする形はＮＧです。

宇宙とつながっている「潜在意識」にも、時間の概念はありません。ですから、「合格しますように」という形で宇宙にお願いをすると、それは「まだ合格していません（＝私は合格に値しません）」ということになります。

「幸せになりますように」とは、「まだ幸せになっていない（私は今、不幸です）」と、自らの「潜在意識」にいい聞かせていることになるのです。そういわれた「潜在意識」は、それがご主人様からの指示・命令だととらえて、合格しない方向に、幸せにならない方向に向けて、自動的に働くことになるのです。

さらに宇宙には、否定の概念もありません。

ビッグバンで誕生したときから、宇宙はひとときも休むことなく、膨張・拡大を続けているといわれています。生成発展するのが、宇宙の目的であり、意志。

ですから、宇宙には、否定や衰退はないのです。その宇宙とつながる「潜在意識」にも、否定の概念が通じません。

「貧乏はイヤ!」と強く思うと、「イヤ!」という否定の概念だけが取り除かれて、「貧乏」というキーワードだけが、「潜在意識」に刷り込まれます。常に膨張・拡大する宇宙は、「見つめたものが拡大する」という法則が適用されます。つまり、宇宙につながる「潜在意識」に届いた「貧乏」というキーワードだけが、さらに膨張・拡大し、「貧乏」という現象が現実に引き寄せられることになるのです。

宇宙には時間の概念がないのですから、未来のことであっても、過去形や現在形、現在進行形でいい切ってしまうこと。「合格しますように」ではなく、「合格します」

るのです。

「合格しました」といい切ってしまったほうが、言葉にした現象が現実化しやすくなるのです。

さらに宇宙には否定の概念もないのですから、日常の中で「ムリ、ダメ、イヤ」などの否定の言葉を使ったり、否定的な考えを採用してしまうと、そうした否定したものが、かえって現実化しやすくなるので要注意です。

つまり、「貧乏はイヤ！」と思うのではなく、「お金持ちになる！」と、意識をポジティブな方向にフォーカスすることが大切です。

「潜在意識」は、あなたの思い、思考、感情をデータベースに蓄積し、さらにあなたが発する、すべての言葉をあなたからの指示・命令としてとらえ、それらを忠実に現実化すべく、せっせと働いてくれています。

ですから、あなたはあなたの「潜在意識」に、自分の本当に実現したい思考を言葉にして、上から目線でいい切って、指示・命令すれば、それでいいのです。

起きてきた現象は、とにかく素直に面白がる

「潜在意識」を意識して、「潜在意識」を飼い馴らすためのエクササイズ、習慣や言葉を日常で実践していくと、起きてくる現象が確実に変わってきます。

それはタイミングよく電車に乗れたり、欲しいと思っていたモノや情報が向こうからやって来たり、フッとアタマに浮かんだ人から、メールが届いたり……。そんな些細なラッキーかもしれません。

しかし、「潜在意識」とつながるということは、何もラッキーばかりが起こるワケではありません。ここを多くの人が勘違いしています。

「潜在意識」につながると、起きてくるのは、いわゆる「いいこと」ではなく、「必要なこと」なのです。

たとえば、「運命の人と出会い、幸せな結婚をする」という目標を定めて、「潜在意識」に命令した場合、今、おつき合いしている人が「運命の人」でなければ、最初に起きて来るのは、「今、おつき合いしている人と別れる」という現象になります。

少なくとも今、おつき合いしている相手なのですから、嫌いなハズはなく、その相手との別れは、決して「いいこと」とはいえないでしょう。辛いし、悲しい思いもするでしょう。しかし、その人と別れないと、その後に待っている「運命の人」との出会いもないのですから、それは「必要なこと」なのです。

ただ、それを「顕在意識」で受け入れることは、なかなか難しい。「顕在意識」は抵抗するし、自分を守ろうとする。そうなると、せっかくつながった「潜在意識」とのつながりが絶たれてしまう。これが多くの人が陥るパターンなのです。

そんなとき、どうすればいいのか？

ポイントは、**「潜在意識（宇宙）にオーダーを通したら、運ばれて来た料理に文句はいわない」と覚悟する**こと。あなたの「顕在意識」は、文句をいったりするかもしれませんが、「これもすべて必要なこと。自分に起きて来る現象は、すべてが必然、必要、ベストのこと。すべてはうまくいっている」というアファメーションを唱えて、自分の「顕在意識」を洗脳していくことが大切です。

宇宙とつながっている「潜在意識」に一度、オーダーを通せば、「遅配はあっても、誤配はない」のです。ですから、目に前に運ばれて来た料理（現象）は、あなたがオーダーしたものに間違いありません。ですからもし、その料理（現象）が気に入らなければ、料理（現象）自体に文句をいうのではなく、注文の仕方が間違っていなかったかを見直し、改める姿勢が求められることになるのです。

まさにここ！　この考え方、とらえ方ができるかどうかが、「潜在意識」の主となって、自らの思考を想い通りに実現できるかどうかの分かれ目なのです。

「潜在意識」とより深くつながろうと思うのなら、起きて来た現象に対して、イチイチ「良い・悪い」と判断するのではなく、とにかく面白がること。

何が起きてきても、一見、ネガティブな現象が起きたとしても、それを「へぇ〜、今度はそう来る⁉」ぐらいの軽いノリで、素直に楽しむ姿勢が、「潜在意識」とより深くつながって、人生の波に乗り、望む思考を現実化するコツとなるのです。

たとえば、自分の身に一見、ネガティブな現象が起こったときは、こんなふうに考えてみはいかがでしょうか？

「ああ、これはもしかしたら、私が「潜在意識」に注文した「幸せフルコース料理」の前菜なのかもしれない。ちょっとホロ苦いけど、このあとはきっと、とびきり美味しいメインディッシュが運ばれてくる。お楽しみは、これからだから……」と。

そうやって、起きて来た現象（料理）をしっかり味わい尽くすこと。

実は、そのこと自体が、「潜在意識」の望むこと。人生において、辛いことや苦しいこと、悲しみや寂しさなどのネガティブな感情も、うれしいことや楽しいこと、愛や感謝、喜びや豊かさ、自由や幸せなどのポジティブな感情も、同じように価値のある、人生を彩る大切なエネルギーのひとつに他なりません。

これが受け入れられると、「潜在意識」とより深くつながれるようになるのです。

「アファメーション」を活用して、意識の基礎体力を整える

「潜在意識」は、拡大レンズのようなもの。「見つめたものを拡大する」という性質があります。「顕在意識」で見つめたものを、「潜在意識」が自動的に拡大、増幅してくれるのです。

「顕在意識」が「うれしい」を見つめれば、「うれしい」が拡大し、「悲しい」を見つめれば、「悲しい」が拡大します。「潜在意識」に「良い・悪い」という価値判断はありませんから、「顕在意識」が見つめたものが、それが「顕在意識」にとって「良い・悪い」は一切、関係なく、「潜在意識」は極めて自動的に拡大するのです。

自分の身に起きて来る現象を「良い・悪い」と判断するのは、「顕在意識」の自然な働きなので、ある程度は仕方ありませんが、「良い」にフォーカスするのか、それ

とも「悪い」にフォーカスするのかの選択権は、こちらにあります。
まさにこの「良い」を見つめるのか、それとも「悪い」を見つめるのかの選択権こそ、「顕在意識」の最も重要な仕事であり、そこさえ間違わなければ、あとは「潜在意識」に任せておけば、自動的に拡大、増幅してくれるので、楽チンです。

くり返しになりますが、「顕在意識」は「肉体を守る」のが仕事であり、基本的にネガティブに偏っています。ですから、何も意識せず、「顕在意識」にすべての判断を任せてしまうと、ごく自然にネガティブな現象を見つめてしまい、人生においてネガティブな現象が拡大、増幅していくことは避けられません。その状態で、ポジティブな思考を現実化しようとするのは、はっきりいって無理なのです。

ですから、人生にポジティブな現象を引き寄せたいと願うのなら、ネガティブに偏っている「顕在意識」を意識的に、普段からポジティブ寄りに軌道修正しておく必要があります。そのとき、最も有効なアプローチが、言葉を使って、「顕在意識」を洗脳すること。いわゆる「アファメーション」の活用です。

ご存じのとおり、「アファメーション」とは、「肯定的宣言」と呼ばれるもの。言葉を使って、自分の「顕在意識」を再教育し、ポジティブ側にコントロールするためのもの。普段から、ネガティブな言葉遣いをしている人が、「潜在意識」に命令するときだけ、ポジティブなアファメーションを使っても、効果は期待薄。**「潜在意識」は「良い・悪い」に関係なく、自らがいちばんたくさん発した言葉によって、「見つめたもの」を自動的に選択し、拡大、増幅する**のです。

自らの人生にポジティブな現象を引き寄せたいのなら、ポジティブな言葉遣い、アファメーションの活用は欠かせません。

しかし、ただ闇雲に「絶対、成功する!」とか、「私は最高に幸せだ!」「豊かさに満ち溢れている!」などのパワフルなアファメーションを唱えれば良いのかといえば、そうではありません。

今、実際にそうしたアファメーションとはかけ離れた状況にあるのに、無理してポジティブな言葉を唱えていると、「顕在意識」がそのギャップに耐えられなくなって、「どうせ私なんて……」という自己否定や無価値観がかえって強くなるので、要注意。

こうしたパワフルなアファメーションを唱える前に、ネガティブに偏っている「顕在意識」を少なくともニュートラルな状態にもっていっておく必要があるのです。

それはポジティブなアファメーションが、ちゃんと「潜在意識」に届くための土台づくり、土づくりのようなもの。肥満状態から、いきなりパーフェクトボディを目指すのではなく、先にトレーニングに耐えうる基礎体力をつくっておくことが大切なのです。

そのために最も効果的な「アファメーション」は、ズバリ！「ありがとうございます」です。これは先述のとおり、すべての佳きことを受け取るための準備、土台を整えるための「魔法の言葉（じゅもん）」であり、同時に奇蹟を引き寄せるためのパワフルなアファメーションにもなる、一石二鳥三鳥の効果が期待できる、とても便利な「言葉（じゅもん）」なので、まずはここから始めてみてはいかがでしょうか？

「アファメーション」は3ステップで活用すると、効果絶大！

まず最初は、1日100～1000回ぐらいをメドに、「ありがとうございます」という「魔法の言葉（じゅもん）」をたくさん唱えて、ネガティブに偏っていた「顕在意識」をニュートラルな位置まで戻しましょう。248ページのエクササイズを、ぜひ実践してみてください。

そうして、「ありがとうございます」の「魔法の言葉（じゅもん）」を唱えることで、基礎体力づくりができてきたら、その次は「準備」「進行」「完了・感謝」の3ステップのアファメーションを駆使して、望む現実を力強く引き寄せましょう。

先に、「宇宙には時間の概念がない」と書きました。厳密には「時間がない」のではなく、私たち人間がとらえている時間と、全く次元の違う時間があるのです。

だって、地球の成り立ちだけ考えても、約45億年。私たちの一生がおおよそ80年くらいですから、その約6000万倍の時間を地球は生きてきたワケです。時間感覚があまりに違い過ぎて、同じ時間単位が使えないのもわかるでしょう。

ただ、「宇宙には時間がない」といわれても、アファメーションに慣れていないと、まだ、そうなっていない未来のことを完了形でいいきってしまうことに、当然「顕在意識」は抵抗するでしょう。

ですから、未来を先取りするアファメーションに慣れるまでの最初のステップは、まずは「準備」から入ることが、ポイントです。

たとえば、「運命の人」との出会いを望むのであれば、「〇年までに、私は『運命の人』と出会う準備ができている」というアファメーションを唱えます。

あるいは、「好きなことを仕事にして、幸せなお金持ちになる」ことが望みであれば、「〇年までに、私は大好きなことを仕事にして、年収1億円の収入を得て、さらに幸せになる準備ができています」というアファメーションを唱えるといいでしょう。

まず最初に「準備」のアファメーションを唱えることで、未来を先取りするための

「受け皿」を用意しておくようなイメージです。

「運命の出会い」も、「幸せなお金持ち」も、今はまだ「準備中」ですから、これはまだそうなっていなくても、誰でも違和感なく受け入れることができるでしょうし、さらに「これからやるぞ！」という自らの意志表示にもつながるので、おススメです。

そしてこの「準備」ができたら、次のステップは、「完了形」ではなく、「進行形」でアファメーションを唱えます。

「運命の人と出会いました」「年収が1億円になりました」と完了形でいい切ってしまうと、「まだそうなっていないのに……」と「顕在意識」が抵抗します。

これもアファメーションに慣れてしまえば、あまり気にならなくなりますし、完了形でいい切ってしまったほうが現実化が加速することもあるのですが、まだ慣れていない内は、「なりつつある」という「進行形」から入るほうがおススメです。

「私は今、運命の人との出会いが確実に近づきつつあります」「私は幸せなお金持ちとなって、大好きな仕事での年収1億円の獲得に向けて、確実に歩みつつあります」

という形のアファメーションであれば、「顕在意識」の抵抗も少なく、すんなりと受け入れることができるハズです。

そして3ステップの最後は、「完了・感謝」です。

「準備」「進行」のアファメーションを経て、「顕在意識」がなんとなくその気になってきたところで、最後に「そうなりました！」と完了形でいい切り、未来を先取りする形で宣言した上で、すかさず感謝の言葉を唱えます。すでにそうなっていることを前提に、先にお礼をいってしまうというイメージです。

すると完了形でいい切って、先にお礼までいわれた「潜在意識」は、「あれ？すでにそうなっていたっけ？」と勘違いして、その状態を現実に引き寄せる方向で、勝手に動き出してくれるのです。

この一連の流れ、**「準備」→「進行」→「完了・感謝」の3ステップで、「アファメーション」を唱えることによって、「顕在意識」の抵抗を受けずに、「潜在意識」の深いところまで、アファメーションの言葉が浸透していく**ことになるのです。

アファメーションとは、自らの「潜在意識」をポジティブな方向に向かって、思い通りに動かすための指示・命令であり、「潜在意識」とつながっている宇宙に対するあなたの意志表示であり、意図的な宣言でもあります。

宇宙とは、私たちが普段、使っているスマホやタブレット、PCなどの端末をすべて管理しているようなホストコンピューターのような存在です。私たち、ひとりひとりの人間が、スマホやタブレット、PCなどの端末にあたります。

その宇宙という名のホストコンピューターに、あなたという名の端末からアクセスし、**あなたの望み、欲しいモノ、なりたい状態などを「検索ワード」機能を使って、正しくキチンと入力する**こと。

これが望む思考を現実化するための、最も大事なポイントです。

自らの願望を実現するために、「潜在意識」を通じて宇宙とつながることが、アファメーションの目的。そのコツさえ身につけてしまえば、アファメーションは、あらゆる望みや願望を自由自在に引き寄せることができる、まさに現代版「魔法の言葉(じゅもん)」となるのです。

「究極の願望実現方法」とは……

巷には、さまざまな願望実現方法や引き寄せの方法が溢れています。どの方法も似たり寄ったり。これぞ決定版というような、絶対の方法はないのかもしれません。しかし、時代が変化するにつれ、こうした願望実現方法も変化してくるのは当然のこと。「良い・悪い」は関係なく、「新しいものは、古いものより、よりエネルギーが高い」のです。

さて、私がおススメする新たな願望実現方法は、あえて目標は見つめません。私たちは1日に約6万ものことを考えているのです。私たちがどんなにがんばって、その目標を見つめようとしても、1日の大半はそれ以外の考えごとで埋め尽くされてしまうのは、避けられないでしょう。

ですから、願望実現のために、3ステップのアファメーションを唱えるのは、おススメですが、そのアファメーションもずっと唱え続ける必要はありません。

1日2回。朝と晩。起きたときと寝る前に、そのアファメーションを唱えられれば、十分です。あとは目の前のことに集中して、人生に起きてくる現象を素直に面白がるよう、意識しましょう。

私たちがどんな願望、夢やビジョンを描くのも自由。そもそも実現不可能な夢や願望は、思いつくことさえできないのですから、あなたが描ける夢や願望は、あなたに実現可能なことに違いありません。

しかし、どんなに素晴らしい夢や願望であっても、それを「実現しなければならない」と思ってしまうと、違うものになります。「絶対、実現する！」という強い意志をもって、突き進む生き方も悪くありませんが、残念ながら、そういう形の願望実現の仕方は、もう古い。努力と根性で、自分の意志を貫き通すやり方は、男性上位の古い時代の発想に他なりません。

2000年代に入った今は、「2」という数字が象徴する「女性性」の時代。そこでの願望実現方法は、新しい時代に沿った、もっと女性的なやり方。軽やかで、しなやかで、美しいアプローチ方法が相応しいハズです。

私たちが思い描く願望実現の根っこにあるのは、「幸せ」でしょう。誰もがより幸せになるために、生きている。運命の人に出会うのも、お金持ちになるのも、ダイエットするのも、その先にあるのは、「幸せ」です。

つまり「幸せ」こそ、人類共通の願望。未来の「幸せ」のために、今を犠牲にして「ねばならない」でがんばる生き方は、まさに本末転倒といえるでしょう。

宇宙は無限の豊かさに満ちています。宇宙の豊かさは、私たちの「顕在意識」で考えられるような、そんなちっぽけなものではありません。ですから、遠慮せず「欲しいモノは欲しい！」「味わいたい体験は、やってみたい！」と、貪欲に宇宙にオーダーすればいいのです。

しかし、どんな願望、夢やビジョンをオーダーしても、その先、根っこにあるのは

「幸せ」なのです。ですから、「それが手に入らないと不幸せ。その体験が味わえないと、幸せじゃない」とやってしまうと、途端に違うものになってしまうので、よくよく注意が必要です。

あなたが本気で自分の願望、夢やビジョン、思考を現実化したいと望むのなら、そのコツは、シンプルにひとつだけ。

今ここで、幸せを味わうこと。「今、幸せだ〜♪」と声に出して、つぶやくこと。その瞬間、あなたが本気で望んでいた願望、夢やビジョン、思考はすべて現実化しているのです。

宇宙に対して、宇宙とつながっている、自らの「潜在意識」に対して、どんなにワガママな願望をオーダーしてもかまいません。

しかし、**「それがないとダメ」「絶対、そうならなければ」と頑なになってしまうと、もうその時点でアウト**です。

それでは願望が実現する前から、すでに不幸せになってしまう。それでは願望など持たないほうが、よほど幸せな状態だといえるでしょう。

願望や夢やビジョン、思考を「潜在意識」にオーダーするのはいいけれど、オーダーしたあとは、忘れてしまうぐらいで、ちょうどいい。

あとはピッタリのタイミングで、そのオーダーしたものが、目に前に運ばれてくることを楽しみながら、待っているだけでいいのです。

自らの願望を考えているときも幸せだし、宇宙にオーダーすることも楽しいし、幸せ。そのオーダーを待っている時間も幸せだし、もちろん、そのオーダーが届いたときも、幸せです。


自らの願望を実現して、さらに幸せになるコツは……。

「あれも欲しい。これもしたい。そうなったら幸せ。でも、そうならなくても、やっぱり幸せ♪」と声に出して唱えること。

いつも、いつでも、どんなときでも幸せを感じられること。

「今ここ」にある幸せを感じられることこそ、この世で最も安全確実な、「究極の願望実現方法」になると、私は確信しています。

エクササイズ

21日間のありがとう感謝行ワーク

最後に「ありがとうございます」という「魔法の言葉（じゅもん）」を実際に唱えるというワークに挑戦してみましょう。

本文で紹介したとおり、日本語の「ありがとうございます」は、単なる感謝を表す言葉ではありません。今、目の前に奇蹟的な現象を起こしてくれている、目に見えない「大いなる存在」に対する畏敬の念を表す祈り言葉です。

それゆえ、「ありがとうございます」という言葉を唱えれば唱えるほど、また「ありがとうございます」と言いたくなるような、さらなる奇蹟が自然に引き寄せられてくることになるのです。

ワークの手順

「ありがとうございます」と唱えるときは、特に心を込めなくてもかまいません。

「ありがとうございます」は圧倒的に「質」よりも、「量・数」なのです。

「ありがとうございます」と1回、唱えれば、過去のネガティブな言葉のエネルギーがひとつ消去されると考えればいいでしょう。過去にどれだけ、ネガティブな言葉を吐いていても、今から「ありがとうございます」と唱えれば唱えた数だけ、過去に自分が放ったネガティブな言葉のエネルギーを帳消しにすることができるのです。

「ありがとうございます」を唱えるときは、ぜひ「数」に注目してください。

市販の「数取り器」を購入して、「ありがとうございます」と1回、唱える度に、ワンカウントしてみましょう。そうやって、1日、どれくらい「ありがとうございます」が唱えられるか、ゲーム感覚でトライしてみましょう。

心を込めず、早口でいえば、1〜2秒に1回ぐらいのペースで「ありがとうございます」と唱えることができると思います。それを1日に約10分、最低500回をメドに、「ありがとうございます」を唱えてみましょう。

お勤めされている方なら、朝晩の通勤時間がネライ目。駅までの道のりやバスや電車の待ち時間などを利用して、ブツブツと「ありがとうございます」を唱えてみましょう。車で通勤されている方は、ひとりの閉ざされた空間なので、その間がまるまる「ありがとうございます」を唱える時間として使えるでしょう。

主婦の方は、掃除、洗濯、炊事などの日々の家事時間を利用して、手を動かしながら、口だけ「ありがとうございます」をブツブツ唱えていればいいので、取り組みやすいと思います。また、トイレや入浴の時間も使えますし、朝晩の瞑想タイムに「ありがとうございます」を唱えるのも、とっても効果的です。

もちろん、1日500回以上、いえる人は、自分のペースでドンドン、「数」を増やしていってください。

……で、1日最低500回の「ありがとうございます」のノルマを続けること、21日間。それで累計が1万回を超えると思います。

この21日間で、累計1万回の「ありがとうございます」を唱えることが、このワークの最低目標。これが、奇蹟を受け取るための基本フォームづくりです。

この「21日間のありがとう感謝行ワーク」を実践すれば、あなたの身の回りに必ず何か、新しい変化の兆しが見えてくるハズです。その起きてきた現象を見て、さらに「ありがとうございます」の言霊を唱え続けるかどうかを判断してみてください。

人生に本気で奇蹟を起こしたければ、「今の年齢×1万回」の「ありがとうございます」を唱えるのが、ひとつの目安になります。
あなたがこのミッションをクリアしたとき、過去～今までに自らが発したネガティブな言葉のエネルギーが帳消しになり、「ありがとうございます」の祈り言葉のエネルギーが自らの「潜在意識」の奥深くまで届くようになるのです。

その結果、あなたは「宇宙とつながる超意識」と自在につながることができるようになり、晴れて、自らの「潜在意識」の主となり、あなたの身に奇蹟と呼べる、ポジティブ現象を自由自在に引き寄せることができるようになるのです。

おわりに

「考える」の語源は、「神・還る」だといわれます。

同様に、真剣に「思考」することは、「至高」と真剣に向き合うこと。

「至高」の存在とは、まさに「神」のことであり、それゆえ、「考える」ことは、「神に還る」ことにつながるのでしょう。


「考える」ことや「思考」も突き詰めると、自らの神性に気づき、「神性な私」に還っていくことになるのだろうと思います。それは本書でくり返し述べてきた「潜在意識」の中の最も深い部分にある「宇宙とつながる超意識」とつながることと同じ。

自分自身が「神」とつながった存在であると想い出し、自分の中にある「神」の部分を受け入れることこそ、人が「思考」する究極の目的だと、私は思います。


「考える」＝「神・還る」。「思考」＝「至高」。

結局、究極の願望実現法とは、エゴの思いどおりの人生を送ることではなく、神様が支配する領域である「宇宙とつながる超意識」の想いどおりの人生を送ること。

そう考えると、私たちひとりひとりは誰もが、今この瞬間でも、ちゃんと神様の想いどおりの人生を送っており、「宇宙とつながる超意識」のレベルではすべての人の願望は、ちゃんと実現しているといえるのです。

ようはこの思考や意識の仕組み、宇宙の仕組みに気づけるかどうか。

引き寄せの法則であれ、願望実現法であれ、成功法則であれ、すべてを使いこなすには、この一点にかかっていると、私は思います。

あなたの「潜在意識」は……、「潜在意識」に奥底にある「宇宙とつながる超意識」は……、その先にある「至高の存在、神様」は、このことにあなたの「顕在意識」が気づいてくれるのをずっと待ち続けてくれていたのです。

でも、もう大丈夫！　この本を最後まで読み切った、あなたの「潜在意識」は、もう気づいてしまいました。さぁ、人生の真の楽しみは、これからです！

はづき虹映（はづき・こうえい）

作家。1960年兵庫県西宮市生まれ。関西学院大学・経済学部卒業。大手百貨店にて販売促進業務を担当。輝かしい実績を上げて、独立。広告代理店・企画会社を経営。1995年の阪神・淡路大震災をきっかけに「こころ」の世界に目覚め、現在は経営コンサルタント業と並行して、主に「占い」「スピリチュアル」「自己啓発」の分野を中心に、精力的に執筆活動に励んでいる。『2週間で一生が変わる魔法の言葉』（きこ書房）、『お金に愛される魔法のお財布』（永岡書店）、『誕生日占い』（中経出版）、『すごい片づけ』（河出書房新社）など数多くのベストセラーを生み出し、全著作の累計は70冊超。185万部を超えるミリオンセラー作家でもある。

すごい引き寄せ
潜在意識を飼い馴らす方法

2016年5月20日　初版印刷
2016年5月30日　初版発行

著者　はづき虹映
発行者　小野寺優
発行所　株式会社河出書房新社
〒151-0051　東京都渋谷区千駄ヶ谷2-32-2
☎（03）3404-8611［編集］
☎（03）3404-1201［営業］
http://www.kawade.co.jp/

ブックデザイン　轡田昭彦 ＋ 坪井朋子
カバーフォト　©R. CREATION/orion/amanaimages
本文イラスト　石坂しづか
DTP　中尾淳（ユノ工房）

印刷・製本　三松堂株式会社

Printed in Japan
ISBN978-4-309-23098-6